SANANDO HERIDAS
En
NOVIEMBRE

Venciendo ciclos negativos y transformándolos en bendición

LIDIA SUSANA
POCASANGRE

Para otros materiales, visítanos en:
EditorialGuipil.com

Editorial Güipil

Editorial Güipil. Primera edición 2022
www.EditorialGuipil.com
978-1-953689-49-8
Categoría: Vida práctica / Inspiración

«El signo más evidente de que se ha encontrado la verdad es la paz interior.»
Amado Nervo

Dedicatoria

A mi fuente de inspiración: Dios Padre Todopoderoso, quien por medio de Su Espíritu Santo inspiró cada página escrita.

A mi esposo David, a mis amados hijos, a mi mamá y a uno de mis grandes héroes: mi papá Gonzalo.

Agradecimientos

Quiero ofrecer este libro de manera especial y amorosa a todas aquellas personas que han pasado o están pasando situaciones muy difíciles en su vida, ya sean circunstancias físicas o emocionales.

Les dedico estas páginas a todos aquellos que necesitan un cambio y necesitan una gotita de fe. Con cariño y humildad les escribo, para que estas líneas los sanen y transformen, tal cual lo hicieron conmigo.

De manera muy particular, no puedo dejar de agradecer a mi mentora, amiga y hermana: Sonia Reyes.

¡Todo el honor y la gloria sean para nuestro Señor Jesucristo!

Contenido

CAPÍTULO 1
PRIMERA INFANCIA

Noviembre, 1986

Las flores silvestres, sin ningún cuido, sin ninguna estructura, sin ninguna planificación humana; unas flores de color rosa pálido, sencillas, me hacían suaves cosquillas cuando mi papá las frotaba en mi cuello.

En un terreno no habitado que se ubicaba frente al apartamento donde nacimos, algunas veces recorríamos por el medio para ir a visitar a mi abuela paterna. Yo tendría unos dos escasos años de edad, y aún cierro mis ojos y recuerdo el olor que emanaban las flores. Recuerdo algunas veces haber andado un vestido amarillo bordado por el frente. Estos recuerdos de mis años de niñez fueron tiempos muy bonitos aunque se desarrollaron en medio de la guerra civil que estaba sufriendo mi país.

Más tarde, ese terreno que me hizo tan feliz un día, sería el lugar donde se produjo una de las heridas emocionales más grandes que llevé conmigo en la vida.

Otro recuerdo muy bonito de mi primera infancia es que para mi cumpleaños numero dos, mi papá me obsequió dos muñecas más grandes que yo, a las cuales quería mucho. Hasta aquí todo marchaba muy bien, dentro de la normalidad posible.

Noviembre, 1989

Surge la segunda ofensiva de la guerra civil en El Salvador. Yo era muy pequeña, pero en mi inocencia de niña de cinco años, aún recuerdo las balas pasando de un lugar a otro, nosotros durmiendo en el suelo, los colchones de las camas cubriendo las paredes; nos mandaban a movernos en el piso arrastrados como iguanas; para mi hermano mayor y para mí, era una especie de juego, pues en la televisión mirábamos la serie de G.I. Joe, aunque nuestros padres estaban preocupados y ansiosos, a nosotros nos parecía un juego. Mi hermano menor tenía tres años; ni siquiera se recuerda de nada.

Noviembre, 1991

Una tarde escuché a mi madre llorar inconsolablemente. Mientras enjugaba sus lágrimas, escribía una carta. A cualquier edad, ver llorar a nuestra madre es muy conmovedor; pero no tenía curiosidad por saber el contenido de la misma, pues pensaba que si se trataba de algo tan triste que la hiciera llorar, prefería no saberlo.

A mis siete años, me enfocaba en aprender mi doctrina para, en diciembre de ese mismo año, hacer mi primera comunión en la iglesia del barrio. Nosotros en El Salvador a los barrios les llamamos colonias; y yo vivia en una colonia muy bonita, donde los vecinos eran muy unidos y solidarios.

Me llenó de gran ilusión usar mi vestido blanco, mi velo, mi corona y mis zapatos blancos que mi tía me fue a comprar al Centro de San Salvador. Aunque el país estaba en guerra, siempre había acontecimientos que nos permitían ser felices.

Noviembre, 1991

En ese mismo año ocurrió un acontecimiento que marcó mi vida y fue una gran herida emocional: la partida de mi madre hacia Estados Unidos. Fue el 2 de noviembre, el día que se celebra el día de los difuntos, y que, irónicamente, mis padres celebraron su décimo aniversario de matrimonio.

Un día antes, mi mamá no llegó a dormir, mi papá como de costumbre, regresó del trabajo; mis hermanos y yo estábamos solos. Mi papá buscó a mi mamá desesperadamente; ella se había ido llorando por la tarde, nos dijo que nos quería mucho y nos dio una fruta y 5 colones (moneda de El Salvador) a cada uno. Ninguno de los tres comprendió nada, pero sabíamos que algo no estaba bien. Aunque yo solo tenía siete años, mi hermano mayor nueve y el pequeño cinco, percibimos algo malo en el ambiente.

Mi papá regresó del trabajo y encontró la carta, la misteriosa carta que hace días vi a mi mamá escribir, y descubrió el secreto: Mi mamá decidió abandonarnos e irse a Estados Unidos de América.

Mientras leía la carta, vi llorar a mi papá. Entristecí. No comprendí. Recé, le pedí a Dios. Lloré.

Al día siguiente visitamos a mi abuela paterna, le

contamos lo ocurrido. La vecina que vivía al frente comentó que su hijo también partía ese mismo día de manera ilegal, y que lo más seguro era que ellos irían en el mismo viaje. Esos datos nos dieron una idea de dónde podía estar.

EL REENCUENTRO

Nos movilizamos los cuatro rumbo a San Marcos, y allí la encontramos, lista para partir.

Estaban mis abuelos y mis tías despidiéndola; al vernos no lo podía creer, quedó asombrada.

Mi papá tenía entre sus brazos a mi hermano menor, David; le lloró y le pidió que no se fuera, mas que nada por nosotros, éramos tres y aún estábamos pequeños.

En ese momento, yo no sabía qué pensar, fui un espectador en mudo. Vi cómo mi papá le pidió. Puedo imaginar que el corazón de mi mamá estaba destrozado; sin embargo, la decisión había sido tomada, el viaje estaba pagado.

Ella se subió al microbús, y vimos cómo poco a poco el vehículo se alejaba. Sentimos mucha tristeza.

La Navidad se acercaba, mi primera comunión también, me sentí confundida, culpable y enojada. Pensé que mi mamá se había ido por mi culpa, porque yo era mala y tenía mal humor. Le pedí a Dios, porque mi abuelita —a quien cariñosamente le llamábamos Nana— nos había enseñado que cuando no podíamos solucionar algo, debíamos hablar con Dios, y Él nos ayudaría.

Había comenzado una etapa de días muy duros y tristes, para todos, sin excepción.

Empecé a tener pesadillas, a recordar cosas que yo no entendía. Recordé que algunos días, un sobrino de mi mamá quince años mayor que yo, me llevaba en la oscuridad al terreno frente a mi casa, donde estaban esas flores silvestres tan bonitas que con mi papá recortaba. Allí, él bajaba mi ropa interior y abusada de mí, sin cuidado ni compasión, diciendo que debía guardar silencio, porque si mi mamá y mi papá se enteraban se iban a decepcionar de mí.

Cuando esto sucedió yo tenía entre cuatro y cinco años, por ello era tan fácil entender lo que me sucedía. Tampoco sabía si tenía que contarle a alguien o guardar silencio. Era una situación muy confusa. No puedo recordar dónde estaban mis padres ni por qué me quedaba con él a solas. Se me hace difícil recordar, pero algo sí puedo asegurar que el miedo, la incertidumbre de no saber qué es lo que ese muchacho hacía conmigo, es un sentimiento que me ha llevado mucho tiempo superar.

Por todos esos hechos me culpé, pensé que por eso había ocurrido la partida de mi mamá.

Tenía pesadillas terribles cuando oscilaba entre los cinco y seis años. Recuerdo que mi mamá me llevaba al apartamento de un hombre, y ella y él se daban besos en la oscuridad. Eso me dolía y hería demasiado, pues yo en mi inocencia, sentía como si yo también estaba traicionando a mi papá por no contarle esas cosas.

Ahora siendo una adulta, comprendo que Dios en su sabiduría, con la partida de mi mamá, me desligué de mi yugo, de mi maldición, de mi abusador. Cuando mi mamá se fue, ya no tuvimos cercanía con su familia, solamente lo necesario.

Diciembre, 1991

Llegaron días difíciles. Mi hermano pequeño lloraba toda la noche con su quejar:

—¡Mamá, mamá!, yo quiero a mi mamá.

Mi papá lo abrazaba, y dormíamos los cuatro en la misma cama, haciéndonos compañía y dándonos calor.

Yo me consolaba repitiendo las oraciones que había aprendido en la doctrina, porque había escuchado que si le pedíamos a Jesús, Él nos ayudaría. Desde muy pequeña fui entendiendo a quién debería de dirigir mis oraciones y súplicas.

Continuaron los problemas, el cambio abrupto de todo: nos dio varicela a los tres, mi hermano menor y yo padecíamos de los bronquios, nos daban ataques de asma, todo parecí catastrófico. En medio de toda esta convulsión, hice mi primera comunión, tal y como estaba programada.

Ese día fue muy especial. En compañía de mi abuelita, mi tía, mis hermanos y mi papá, recibí por primera vez la hostia, y me sentí muy, pero muy feliz.

En medio de la tempestad, fue un día muy hermoso. Mi madrina de bautizo me regaló una hermosa torta de fresa; fue un día muy especial.

Desde muy pequeña, mi Nana me infundió el amor por Dios y por la Virgen, me enseñó mis primeras oraciones, me llevaba a la iglesia y juntas íbamos a los retiros espirituales. Recuerdo que siempre escuchaba con atención, aunque muchas veces por mi corta edad no podía entender todo lo que decían; pero soñaba pararme en un podio para predicar y dar testimonio de las maravillas que Dios hacía en muchas personas.

En mi familia tenemos la fortuna de haber conocido de Dios y de ser testigos de muchos milagros. Desde mis seis años, yo sabía que sería diferente; siempre me sentí una hija muy amada por Dios, una niña muy especial. Siempre quise encontrar la verdad en todo, en mi vida, en mi historia, pero Jesús me mostró que Él es la única verdad que debo seguir (Juan 14:6).

Reflexión

....
....
....
....
....
....
....
....
....
....
....
....
....
....
....
....

Reflexión

....

....

....

....

....

....

....

....

....

....

....

....

....

....

....

....

CAPÍTULO 2

COMIENZO DE UNA HISTORIA DE CUATRO

Los días comenzaron a ser diferentes cuando mi mamá se fue de la casa. Estábamos en vacaciones de la escuela, y eso, de cierto modo, le dio tiempo a mi papá de acomodarnos a nuestra nueva vida. Mi papá nunca quiso que mi abuela se hiciera cargo de nosotros, él asumió su responsabilidad sin bacilar. Como buen padre y hombre, decidió emprender la aventura que la vida le había propuesto, y fue sin duda alguna, la mejor de su vida. Fue una larga jornada que se convirtió en su misión de vida.

Mi padre, un hombre de complexión aparentemente delgada, pero en realidad un atleta nato, es uno de los más rápidos corredores que he conocido. Nació en 1951. Es contador público y trabajaba para el gobierno; es uno de los seres humanos más honestos y correctos que conozco. Es noble, luchador, altruista, inteligente para los números, amante del deporte —especialmente el fútbol—, disciplinado, con un carácter bastante fuerte, pero eso sí, de nobles sentimientos.

Mi padre siempre le hizo frente a la situación, aprendió a cocinar, a ponernos la lonchera, a planchar, a darnos un baño. En unos meses aprendió a ser padre y madre. No había un manual, y en ese tiempo no había YouTube para aprender recetas, así que le tocó difícil. En unos cuantos meses se convirtió en un amo de casa excepcional.

Él nunca tuvo papá, por eso se prometió que sería el mejor papá del mundo. A mi punto de vista, lo logró, y hasta sobrepasó las expectativas.

Prometió nunca darnos una madrastra mientras estuviéramos pequeños; prometió nunca tener un vicio, y así lo hizo. Es un hombre de honorable palabra y su único vicio éramos sus hijos y también el fútbol una de sus grandes pasiones.

Pero, mientras llevaba a cabo esta ardua tarea, las circunstancias y los problemas le pasaron factura. Algunas veces, cuando la boca no habla de los problemas, habla el cuerpo, y a causa de ello, uno se enferma.

Empezó a tener afecciones de la gastritis y el colón, las que con el tiempo tomaron fuerza. Aún así, estando enfermo, nunca dejó de trabajar ni de atendernos; para nosotros siempre lo mejor, para nosotros el mejor pan, la mejor ropa, el mejor colegio, para nosotros nunca hubo miseria. Mi papá es estricto, pero generoso, capaz de sacarse el bocado de la boca para dárselo a quien lo necesita. Emocionalmente nos alimentó muy bien, nos llenó de amor y nos formó con los mejores valores que un ser humano puede tener: fe, humildad, respeto, empatía, tolerancia y servicio al prójimo. Pero el más grande de los valores que nos enseñó es el del amor: «Si no tengo amor, no soy nada» (1 Corintios 13:1).

Considero que nuestros padres son los más grandes guías y motivadores que Dios nos ha asignado para que nos acompañen en nuestra jornada. No son personas libres de defectos, pero sí llenas de amor y respeto por nosotros.

Mi papá lo demostró en cada detalle; me quedo corta en resumir todo lo hermoso y bueno que nos brindó. Le agradezco infinitamente todo su sacrificio y amor. Le pido humildemente a Dios que le regale una larga vida y salud, porque él se lo merece.

Hoy como adulta soy coach de vida, y digo, sin bacilar, que mi papá fue mi primer gran motivador. Él y mi Nana son la base de lo que hoy, mis hermanos y yo somos, somos su legado y su huella en el mundo.

LA MADRE

No me parece justo seguir esta historia sin dar a conocer un poco la historia de mi mamá. No conozco mucho de ella, pero sé que tiene un antecedente bastante complicado. Proveniente de una familia numerosa, con un padre alcohólico y una vida de trabajos duros. Ella y sus hermanos trabajaron desde pequeños; y mi mamá contrajo matrimonio cuando solo tenía dieciocho años. Eran otros tiempos, pero a esa edad es difícil ver madurez emocional, teniendo en cuenta el antecedente familiar bastante complejo y sin olvidar el contexto histórico: un país lleno de guerras, pobreza y desastres naturales, la psicosis colectiva en sí, y tantos otros factores a los que debía enfrentarse.

Fue difícil, no lo dudo; por ello, no juzgo a mi madre, no le reprocho nada, y te invito a que hagas lo mismo con tus padres. Nunca los juzgues ni critiques ni les resientas nada, solo ponlos en las manos de Dios. Aunque si ellos te ofenden o agreden, es mejor poner límites y distanciarse físicamente, sin remordimientos, sin resentimientos ni ofensas; Dios hará Su obra en su momento.

Mi mamá es una mujer muy guapa, luchadora, trabajadora, valiente, emprendedora; y hoy por hoy ha llegado a triunfar en lo que muchos llaman el sueño americano.

Una de las bases más importantes de mi vida fue trabajar sobre el perdón a mi mamá. Dios, en Su sabiduría, me puso los medios necesarios, y hace mucho que logré perdonarla de corazón, pero siempre la encomiendo a Dios, para que ella logre perdonarse a sí misma y que sea plena y feliz. La amó inmensamente y siento una compasión muy grande por ella, porque tiene un buen corazón. El segundo perdón enorme que logré, a base de mucho trabajo, orientación, psiquiatra, jornadas de sanación espiritual, fue a mi agresor sexual. Quizá fue una de las misiones más difíciles de mi vida, pero lo logré con la ayuda de Dios.

Hablar abiertamente del abuso, en una sociedad donde se estigmatiza la víctima, donde la víctima debe de sentir vergüenza, mientras que muchas veces el agresor camina impune como nada, me ha hecho considerarme como una mujer muy valiente, me revisto de una valentía y una gracia que no es terrenal, la mía viene de Cristo, y ese es mi motor.

Recuerda que el perdón es el primer paso para encontrar la felicidad; y contrario a lo que se piensa, el perdón no es un regalo para el otro, sino que es el mejor regalo que nos damos a nosotros mismos, pues nuestro corazón se queda libre de cargas, de resentimientos y queda liviano y feliz.

es donde recordé la frase del libro de Dante que un día de adolescente leí y no comprendí.

Hice una comparación, entre los principios que me habían enseñado y lo que estaba haciendo, y no era lo correcto, esa era mi selva oscura que del recto camino me apartaba. Es una apreciación muy subjetiva, pero que en ese momento me caló hondo.

En la juventud aun no tenemos una personalidad bien definida, y si no tenemos nuestros fundamentos y principios bien cimentados, puede haber muchas malas influencias que pueden presionarnos y nos pueden llevar a abismos de vicio y la corrupción. Hoy por hoy sigo dándole gracias a Dios, porque si no fuera por Su misericordia, quién sabe dónde estaría, Él siempre me supo guardar y apartar de todo mal.

Enero, 2005

Mi mamá había arreglado para nosotros el proceso de residencia permanente. Se hicieron todos los trámites correspondientes; mis hermanos y yo, estábamos emocionados por el viaje, por el cambio, todas las ideas que uno de joven se hace. Solamente de pensar que la vida nos iba a volver a reunir con mi mamá, nos gustaba mucho.

Llegué a EE.UU. en enero, en el invierno muy frío de Nueva York. Estaba emocionada por conocer la nieve y comenzar algo nuevo. Hubo muchos cambios, tales como el clima, el idioma, las amistades, los familiares y la cultura.

Me sentí triste desde el inicio, pues me llevé un golpe bien fuerte cuando me di cuenta de la vida que mi mamá llevaba.

Ella era dueña de negocios de salón de belleza, y tenía

una vida bastante ajetreada y ocupada. Antes de viajar ella me había dicho que tomara el curso de cosmetología en mi país, pues el costo era mucho más accesible; y así ya vendría lista para ayudarle.

Yo estudiaba administración de empresas en la universidad por la mañana y el curso de cosmetología por la tarde. Viajé dispuesta a trabajar con ella y ayudarle, ayudarnos las dos. La idea era trabajar con ella para recolectar un poco de dinero para seguir asistiendo a la universidad y financiar las clases de inglés.

En cuestiones laborales todo comenzó a marchar bastante bien, trabajaba con mi mamá en el salón de belleza y por las noches me iba a las clases de inglés. Mi mamá es master en estilismo; y me gustaba verla trabajar y aprender de ella nuevas técnicas y consejos. El problema que surgió más adelante, considero que en mi caso fue más personal que profesional, pues muchas veces nos hacemos ideas equivocadas de las personas.

En mi niñez conviví poco con ella. Cuando me fui a vivir con ella, era como convivir con una persona desconocida. Yo esperaba encontrar la madre que nunca tuve, una tutora, amiga y consejera que me dijera: «Vamos a recobrar el tiempo perdido»; pero la realidad fue otra.

Me encontré con una mujer dura. Una mujer estresada, superficial, vanidosa, preocupada del qué dirán, llena de responsabilidades, ya con otra familia y otros hijos; una mujer que quería que experimentáramos y sufriéramos lo que ella sufrió al ser inmigrante.

A este punto, no puedo decir si ella fue buena o mala, solo que fue muy dura.

Mis hermanos y yo veníamos de un hogar disfuncional, sin madre, pero lleno de mucho afecto y apoyo emocional, también de una cultura diferente. Nosotros estábamos dispuestos a aprender inglés, trabajar y ayudar a mi mamá a cuidar a nuestros hermanitos, pero las cosas no se dieron de esa manera.

Encontré en mi mamá la juez más severa hacia mí. Criticaba mi ropa, mi forma de ser, de hablar, de comer; parecía como si le molestara todo de mí. Parecía que ella quería competir conmigo. No era lo que me esperaba. Fue un intento fallido, eso no se pudo lograr.

Los constantes desprecios de mi mamá, la vida desordenada que llevaba en todos los ámbitos —financiero, sentimental y maternal—, me decepcionaba cada vez más, y me fui sintiendo muy triste, pues difería mucho de la manera que nos había formado mi papá cuando pequeños.

Por otra parte, siempre que podía ahorraba un poco de dinero con la esperanza de ir a El Salvador a mi abuelita, a mi papá, a mis amigos, a aquellos que me inyectaban de todo el cariño y amor que aquí me hacía falta.

Recuerdo que debido al abuso sexual que viví cuando niña, siempre le oraba a Dios y le decía que me mantuviera lejos de los hombres, que no quería tener novio, y que si llegaba a casarme un día, fuera con un hombre bueno, noble, nada machista, que me respetara y me quisiera genuinamente. Una de mis ventajas era que me había criado en medio de hombres y era una muchacha bastante fuerte y madura. Siempre me sentí muy amada por mi papá, hermanos y abuelita, y por ello callé tanto tiempo, porque no me podía imaginar cuán tristes se podían sentir de saber lo que me había pasado; era mi forma de protegerlos del sufrimiento, aunque hoy me doy cuenta que no fue la mejor decisión.

AMOR A PRIMERA VISTA

Es curioso que en uno de mis tantos viajes de El Salvador a Nueva York, casualmente un tío, me regaló un boleto de avión que había adquirido a través de la acumulación de programa de millas de viajero frecuente. Me tocó viajar haciendo escala, pasando por Miami. Yo nunca viajaba por esa aerolínea, y menos haciendo escala, así que lo que posteriormente pasó, se lo adjudico a Dios.

En ese viaje, para distraerme y no hablarle con nadie, porque mi papá siempre me decía:

—No le andes hablando a la gente en el aeropuerto, hay mucha gente mala y peligrosa.

Por ello me había comprado un iPod para escuchar música. Llegué a la sala 6 de American Airlines y me coloqué mis audífonos.

Despegó el avión, llegamos a Miami. Yo llevaba tres maletas súper pesadas, porque mi hermano menor quería que le llevara unas cosas. A duras penas podía con las maletas, varios tipos trataron de ayudarme y los rechacé al recordar el consejo de mi papá. Se me hacía tarde para tomar mi vuelo de conexión, y seguía luchando con esas maletas, jalando y arrastrando, cuando un muchacho alto, de más o menos 1.90 metros de altura, me dijo con dulzura:

—Disculpe, ¿necesita ayuda?

A este punto ya no podía decir que no, se me hacía tarde y andaba algo pérdida en el aeropuerto. Acepte, y el fortachón me ayudó. Se presentó, me pidió mi número de teléfono, le dije que no tenía, pues en ese tiempo no todo el mundo tenía celular. Me dijo entonces:

—Sino tiene teléfono, aunque sea deme su e-mail.

Y sacó un papel y se lo di. Ni lento ni perezoso, me dio otro papel con su número de teléfono, el cual más adelante, cuando terminó de ayudarme con las maletas, se me perdió.

Horas después, llegué a Nueva York, muy cansada.

Al día siguiente encendí la computadora y me llevé una gran sorpresa. Revisé mi e-mail y vi una letanía lauretana, una carta larguísima, decía mil y una cosa, pero la que más me llamo la atención fue:

—Me enamoré de usted y esto ha sido amor a primera vista.

Quedé impactada, pero al final pensé: «Así son los hombres, y a todas les dicen lo mismo».

Pasaron los días y chateábamos en *Myspace*.

El muchacho me agradaba.

FUGA PERFECTA

Después de un año de novios, él decidió ir a El Salvador a hablar con mi papá sobre nuestra relación, quería que fuera formal. Aunque ya se habían conocido por teléfono, mi novio decía que eso era no dar la cara, tenía que ser una conversación dando la cara y de hombre a hombre, así que partimos a El Salvador.

Le explicó a mi papá que ya casi teníamos un año de novios, y que habíamos pensado vivir juntos por un año, para conocernos mejor y saber si estaríamos listos para el matrimonio. Mi papá, un hombre correcto, no mucho le pareció la idea. Su respuesta me sorprendió:

—Son tiempos modernos, ¿qué podemos hacer? Pero eso sí, haremos un acuerdo de caballeros: si al año de vivir juntos contraen matrimonio, no habrá problema.

Todo caminaba bastante bien. El pobre de mi novio llegaba todos los fines de semana a verme, viajaba cuatro horas en carro, pues vivía en Virginia. Un día me dijo:

—Esto tiene que terminar. Los viajes me están matando, tanto física como financieramente; debemos hacer algo. O yo voy a vivir a Nueva York o vos te vas conmigo a Virginia o Maryland.

Yo no me sentía bien en la casa de mi mamá ni en Nueva York, entonces decidí emprender esa nueva aventura y mudarme de estado.

No fue nada fácil, se trataba de una nueva vida, una nueva ciudad, sin conocer a nadie, volver emigrar. En cuanto a lo sentimental nunca había vivido con una pareja, tenía casi 25 años, y con los únicos hombres que había vivido eran mis hermanos y mi papá; esa era mi única experiencia.

Salí de la casa de mi mamá nada más con mi maleta de ropa. Me fui un viernes por la noche, como a eso de las 9 pm, sin decirle nada a nadie, solo a mi hermano menor. No quería imaginar la reacción de mi mamá, ella nunca daba la apertura de hablar abiertamente, básicamente de nada; solo valía su opinión y nada más.

Me mudé un domingo de septiembre, y el jueves ya

había encontrado trabajo como estilista en un salón de belleza de dominicanos. Mi novio no tenía un mal trabajo, y tenía prestaciones, lo cual nos beneficiaba mucho en el futuro venidero. Ambos trabajábamos y estudiábamos. Éramos un par de jóvenes, llenos de sueños y ganas de salir adelante. Alquilamos un apartamento, pero no teníamos absolutamente nada. Recuerdo que fuimos a Walmart y compramos lo necesario: microondas, cuatro platos, juegos de cubiertos, cuatro vasos y tazas. Nos sentíamos muy afortunados de tenernos el uno al otro, en ese momento esa era la riqueza más grande que teníamos.

Yo me sentía muy agradecida con Dios, porque yo siempre quise tener una relación en la que no hubiera otros intereses, ni de dinero, ni de estatus legal, ni de hijos, solo teníamos el amor el uno por el otro, nuestro trabajo y las ganas de salir adelante, forjando un futuro juntos. Aun con las torpezas y arrebatos propios de la edad y la inexperiencia, Dios nos estaba regalando una nueva vida.

El jefe de mi esposo nos regaló sus muebles de sala, pues ellos los iban a reemplazar; para nosotros simbolizaban un gran tesoro, pues no teníamos dónde sentarnos. Paso a paso íbamos armando nuestro hogar.

Por la manera que salí de la casa de mi mamá, ella se molestó mucho y dejo de hablarme por más de un año, de cierto modo la comprendo, pues salí de la casa y de mi huida solo sabía mi hermano menor. Pensaba mucho en él, se quedaría solo. Siempre le pedía a Dios que me diera los medios para posteriormente traerlo a Maryland. En su tiempo Dios puso todo más adelante, no de la mejor manera, pero se logró.

FUTURO ESPOSO DE ORO

Quiero dedicar este apartado muy importante a mi amado esposo, su nombre es un nombre de mucho poder en la Biblia: David. El vencedor de gigantes, ese es él, aunque el físicamente es bastante alto y fuerte, no me refiero a su fuerza física sino, a su fuerza espiritual.

Él ha sabido vencer los gigantes más grandes, obstáculos que para cualquiera hubiesen sido imposibles, para él han sido difíciles, pero superables, y así me lo ha demostrado siempre.

Él es salvadoreño americano, de complexión robusta. Es inquieto físico y mentalmente; siempre creyó en sus sueños, pero que no sabía exactamente qué dirección tomar para cumplirlos.

Nació en California en 1982 y es hijo de padres salvadoreños; a causa de la separación de sus padres, se mudó a El Salvador a los cinco años aproximadamente. Pasó tiempo allá con su mamá, llevando una vida tranquila, estudiando, jugando, viviendo como cualquier niño.

A los dieciséis años, le surgió el deseo de querer asistir a la universidad. Debido a los limitados recursos que muchas veces nos enfrentamos a nuestros países, acordó con su madre emigrar a EE.UU. en busca de un futuro mejor.

Llegó a la casa de su prima, donde, con bastantes limitantes, le tocó dormir en la sala, estudiar en la secundaria por las noches y trabajar. No fue nada fácil para un joven de su edad; hizo una infinidad de trabajos de todo tipo: haciendo hamburguesas, en una panadería, vendiendo alfombras, etc.

Su orientador en la escuela le sugirió estudiar algo técnico pues se le haría más fácil encontrar trabajo. Y así lo hizo, estudió la carrera técnica de HVAC, aire condicionado y calefacción, que más adelante le abriría las puertas para muchos proyectos que tenía en mente.

Reflexión

....

....

....

....

....

....

....

....

....

....

....

....

....

....

....

....

....

....

....

....

....

....

....

....

....

....

....

....

....

....

....

....

CAPÍTULO 3
Caída de la mujer de hierro

Noviembre, 2010

Ya tenía aproximadamente un año de haberme mudado con mi novio al estado de Maryland. Llevábamos una vida relativamente normal, de mucho trabajo, estudio y cosas propias de la edad.

Por las noches comencé a sentir severos calambres en las piernas y fuertes dolores en los pies. Todo esto se lo adjudiqué a las largas horas de trabajo de pie (de diez a doce horas); también jugaba voleibol en un equipo, además, como tenía 25 años cuando esto comenzó, no presté atención.

Un día amanecí con fuerte fiebre y los pies inflamados y enrojecidos. Fui a mi médico principal. Alarmado, sugirió ir al hospital; estaba preocupado.

Al llegar al hospital y pasar más de seis horas allá después de largos estudios, me recetaron un tratamiento de esteroides y analgésicos, pero, en realidad no tenían ningún diagnóstico.

Las medicinas me aliviaron un poco, pero de manera temporal; al terminarlas, los síntomas regresaron, pero con un grado de agresividad mayor; los dolores más intensos, la inflación en las piernas incontrolable, y habían aparecido una especie de ronchas en los tobillos que me volvían loca del picor. El entumecimiento de mis piernas era tal, que no podía ni doblarlas para sentarme ni para ir al baño.

Fuimos una vez más a la emergencia del hospital.

Me hicieron exámenes para saber de qué se trataba, pero en ese momento comenzaron a especular si se trataba de lupus o una enfermedad autoinmune.

Llegaron días largos. La enfermedad avanzaba. Mi piel se tiñó de unas manchas púrpuras, y las ronchas se convirtieron en llagas y supuraban pus; el dolor y las fiebres eran casi incontrolables. La única manera de calmar el dolor era con morfina y fuertes analgésicos.

En lo mejor de mi juventud, muchos pensaban que iba a morir, que no podría con esa batalla, sobre todo porque se trataba de algo desconocido. Los médicos carecían de diagnóstico certero, y no hay nada peor que la incertidumbre. Era una situación muy difícil a la que debía hacer frente lejos de mis padres, hermanos y amigos cercanos. Me daba miedo morir tan joven; quería una familia, mi hogar, envejecer con mi novio y volver a ver a mi familia.

Hoy entiendo que, aunque es difícil la experiencia de estar tan cerca de la muerte, es lo mejor que me ha podido pasar, pues tristemente los seres humanos, no apreciamos algo hasta que lo perdemos, o estamos a punto de hacerlo. A pesar de todo, en el fondo sabía que mi misión de vida no había terminado, sabía que tenía que luchar como una guerrera; pensaba en mi familia que había dejado atrás en El Salvador, en mi papá y en mi Nana, ellos iban a sentirse muy tristes sin mí. Pensaba en mi novio, mi hermano que aún vivía en Nueva York con mi mamá, pensaba en todos ellos. Pensaba en todo lo que me faltaba por vivir, por estudiar, porque mis estudios universitarios quedaron inconclusos cuando emigré. Me sentía triste de pensar que mi vida podía ser tan corta, y que nunca hice nada para dejar una huella.

Hablé con Dios y me propuse luchar, luchar con la ayuda de la fe y de la ciencia.

Me dieron de alta del segundo hospital sin un diagnóstico oficial, solo con especulaciones; me fui a casa con poca esperanza.

Recaí y buscamos otro hospital, mas nunca nos dimos por vencidos.

Llegamos al Hospital de Washington D.C. Comenzaron más estudios y exámenes. En medio de mis dolores físicos, me sentía exhausta y muy frustrada, pues aunque estaba en un país de primer mundo, no todos los hospitales o los médicos eran buenos; la industria está muy comercializada y lo último que importa es el bienestar del paciente.

Nos llevó bastante tiempo, encontrar un buen hospital y doctores. Me tomaron muchos exámenes, biopsias, etc., hasta que por fin me dieron un diagnóstico: enfermedad autoinmune: Síndrome de *Churg Strauss vasculitis* o *granolusis*. Es una enfermedad que solo la tiene una persona en un millón. «¡Qué afortunada soy!», pensé. nunca había escuchado sobre ello, pero había que asumir lo que teníamos enfrente y comenzar a buscar los tratamientos.

Por gracia de Dios, mi novio me había incluido en su seguro de salud del trabajo, que cubrió la mayoría de los tratamientos costosos. Si no hubiese sido de ese modo, nos hubiese sido imposible costear todo.

Para comenzar fui referida al Instituto del Cáncer. Creo que a la mayoría nos da miedo esa palabra, porque al menos yo sentí ese miedo. Me enviaron a tratamiento de quimioterapia por seis meses. Fue muy duro aceptarlo al leer sobre los efectos secundarios que traería.

El 19 de enero, el día de mi cumpleaños número 26, tuve mi primera quimio. Fue una jornada larga de ocho horas donde estuve conectada a ese líquido administrado de manera intravenosa. Mi hermano menor me hizo compañía. Ese día rezamos, leímos, lloramos, reímos, jugamos cartas y comimos un poco.

Al final del día estaba agotada. Vinieron los efectos secundarios: vómitos, diarreas, náuseas, entre otros.

Mi buen hermano se encargaba de atenderme por la noche y limpiar los vómitos. Algunas veces, cuando ya no tenía fuerzas, me cambiaba el pañal por la diarrea. NO fue nada fácil, ni para ellos ni para mí. Los dos David se turnaban para cuidarme por las noches y hacer guardia.

Agradezco a Dios por ese par de hombres maravillosos que puso a mi lado; nunca reclamaron nada, nunca me tuvieron asco, siempre estuvieron a mi lado, nunca me dejaron morir, me dieron —y siguen dando— ánimos en mis emprendimientos.

Mi novio me cargaba como un bebé para movilizarme de un lugar a otro, porque hubo un punto en el que perdí mucha masa corporal. Él trabajaba mucho para salir con todos los gastos; siempre fue un caballero.

Dios nunca nos desamparó. Vivíamos en ese entonces en un apartamento pequeño, de una sola habitación, era compacto, pero nunca nos faltó nada.

Mi hermano no sabía cocinar; y yo, acostada en mi cama, le indicaba cómo cocinar. A veces me dormía, y al no haber indicaciones, él hacía unas sopas tan locas que no sabíamos si eran de pollo o de res; era divertido. Él es un muchacho muy noble y bueno, cocinaba con toda la voluntad del mundo.

Nunca me sentí sola, me agarraba de mi fe y de los ángeles que día a día surgían en mi camino: mi novio, mi hermano, amigos y personas que Dios usó para ayudarnos.

Pasaron los meses, y yo había perdido alrededor de 50 lb de peso; cada vez estaba más delgada y débil, dependía completamente de los demás. La vasculitis había debilitado mis piernas, los vasos sanguíneos se habían dilatado y provocado daño en mis nervios y músculos; me daban fisioterapia de manera semanal; el dolor era insoportable.

Cuando me llamaba mi papá o mi abuelita de El Salvador, levantaba mi voz y mi ánimo, pues tengo una voz bastante grave y ellos me conocen bien, saben cuándo estoy bien o mal, así que hacía mi mejor esfuerzo para que me escucharan con bien, y no les comentábamos nada de la gravedad de mi estado de salud. Era difícil porque en ese tiempo mi papá solicitó la visa estadounidense para visitarme y le fue denegada, aunque en la condición que me encontraba, era mejor así, para que él no sufriera viéndome tan mal.

Llegó el verano, y a pesar de estar débil físicamente, me sentía feliz, porque en julio terminarían mis tratamientos de quimio. Al fin una luz que vendría después de tanto padecer males físicos.

El último día de mi visita al Instituto del Cáncer, allí donde vi morir tantas personas e hice amigos también, me contenta porque ya no iba a regresar. Nos fuimos a casa y quise celebrar, le dije a mi hermano que me comprara un sándwich de pollo.

Al llegar al apartamento, me sentí exhausta como siempre, pero quizá más de lo normal. Me fui a la cama temprano. Comencé a sentir un fuerte dolor de cabeza, presión en mi ojo derecho y tener visión borrosa; fue muy inusual, me sentí muy mal, me quedé dormida.

DERRAME CEREBRAL

Cuando desperté estaba en el hospital llena de aparatos por todos lados, me sentía muy débil y casi no podía ver; trataba de ver mis manos y mis pies, pero miraba borroso, y me veía muy delgada, como si no fuera yo.

Me enojé mucho, grité y pedí que me sacaran de allí. Mi hermano David estaba allí, me dijo que me calmara y llamó a la enfermera. Yo estaba furiosa porque, según yo, me habían amarrado en el manicomio, y estaba allí en contra de mi voluntad. Solamente quería ir a mi casa. Mi hermano estaba preocupado, pero alegre de verme despertar, pues ya había pasado una semana cuando reaccioné.

Cuando traté de girarme a un lado, me dolió mucho la

cabeza y me la toqué; no tenía pelo y sonaban unos metales; así que pregunté qué había pasado. Mi hermano me explicó que, por consecuencia de la vasculitis, tuve un derrame cerebral y también un coágulo en la cabeza, y por ello me operaron la cabeza. La vasculitis puede explotar sus vasos sanguíneos en cualquier órgano.

Yo había luchado tanto por combatir esa enfermedad con los tratamientos, y ahora me estaba atacando de esa manera; me parecía tan injusto, tan doloroso.

Por muchos meses no me miré al espejo, no tenía valor; pero siempre le decía a mi hermano que me tomara fotos con la cámara de su teléfono, porque dentro de mí sabía, que documentar el proceso serviría como testimonio para muchos más adelante. Han pasado tantos años y aún el ver las fotos me causa sentimientos encontrados. Son fotos fuertes, muy explícitas, mas las comparto para testificar las grandes maravillas que Dios ha hecho en mí. Esta es la primera vez que las hago públicas; sin embargo, son para mostrar las grandes obras que Dios puede hacer cuando pedimos con fe y humildad.

Tenía mucho dolor de cabeza y cuerpo; me sentía muy débil. Diariamente me hacían fisioterapia en el cuarto.

Era una nueva vida a la que me tenía que enfrentar: triste, débil, enferma, lejos de mi familia, en silla de ruedas, manos atróficas, debilidad en todo el lado izquierdo de mi cuerpo, pérdida de la vista y la audición de mi lado izquierdo y una cantidad enorme de más problemas. Había que aceptar la realidad, estaba enfrentando una situación demasiado compleja. Por un momento, pensé que no saldría de ella, pero aún así dentro de mí, sabía que tenía que seguir luchando.

Fui a cirugía de emergencia, donde no daban muchas probabilidades de vida. Era una situación aterradora, y mi novio tuvo que firmar un documento en donde él se hacía responsable por la operación. Mi novio, un hombre de casi dos metros de altura, se echó a llorar en el piso del hospital, estaba desconsolado, preocupado y consternado. Nuestros amigos lloraban conmovidos, hasta las enfermeras y recepcionistas se pusieron a llorar; fue una escena muy triste.

La cirugía se llevó a cabo al siguiente día por la mañana, pues en la noche me tenían que preparar para la intervención. Fue una cirugía larguísima y complicada; el neurocirujano era bastante joven y se sentía muy preocupado.

Mientras estaba en sala de operaciones, una de mis mamás —llamo así a esos ángeles que me cuidaron durante y después mi enfermedad— oraba a Dios sin cesar, y mi mamá biológica viajo desde Nueva York.

Nadie pudo descansar a partir de ese día.

Mis familiares en El Salvador se unieron en cadena de oración.

Recuerdo que, cuando desperté del coma después de una semana, estaba molesta, confundida e impotente, pues yo no tenía control sobre esa situación; yo que siempre había sido independiente en todo sentido, tenía que depender de los demás. De cierto modo, era de la manera que Dios me estaba enseñando para ser humilde. Aprendí a no confiar en mis fuerzas, sino en las de Él; ese fue el primer paso para reaprender a caminar de su mano y renunciar a mi soberbia.

Nunca dejé de orar, y de pedir por todo el sufrimiento que había en los demás enfermos del hospital. Vi el sufrimiento de los demás, el abandono de sus familias; había mucha tristeza y dolor.

Se acercaba la Semana Santa. Siempre hemos sido muy devotos de vivenciar, la pasión y muerte de nuestro Señor Jesucristo. El Viernes Santo le dije a mi hermano que deberíamos de rezar el Via Crucis, que es bastante largo, y como penitencia decidí sentarme en la cama. Leímos el libro e íbamos haciendo las oraciones. Fue cansado para mí, pero lo logramos. Por la noche ya estábamos en el cuarto del hospital durmiendo, cuando de repente vi una luz brillante, cegadora que venía de afuera; pensé que soñaba, pero no, vi la imagen brillante de Jesús de la Misericordia, tan brillante y bonita, con rayos de agua y sangre, y me dijo:

—Dile a tu mamá que ya no llore más. Yo te sanaré.
Lloré a mares. Simplemente le creí. Jesús vino a visitarme esa noche de Viernes Santo.

Al siguiente día, me sentí muy fortalecida y contenta; aun estando en el hospital estaba alegre porque se acercaba el Domingo de Pascua. Mi fe estaba siendo probada como el oro puro.

A lo largo de mi vida, Dios siempre me ha permitido tener ese tipo de experiencias, tan reales, tan cercanas a Él, que no me queda duda que soy su hija muy amada y consentida.

ADMISIÓN EN EL HOSPITAL DE REHABILITACIÓN

Por órdenes del doctor, decidieron internarme en NRH, uno de los hospitales de rehabilitación más prestigiosos de Estados Unidos, ubicado en Washington DC. Habían planeado dejarme como interna por un año. Muchas personas ni siquiera les gusta pasar un día en el hospital, imagínate cómo me sentí cuando me dijeron que pasaría allí 365 días. No fue una noticia fácil, pero por otra parte me sentí bendecida y afortunada de que mi seguro de salud cubriera esos gastos.

Se trataba de un régimen estricto de recuperación, donde uno se interna y nadie puede quedarse por las noches a acompañarlo; es parte de la terapia para lograr ser independiente. Se reciben seis horas de terapia diaria, divididas en tres horas por la mañana y tres por la tarde. Se hacen terapias físicas, de habla, ocupacionales, recreacionales y psicológica. No fue nada fácil de soportar; el dolor físico y mental es muy duro.

El primer día, llegaron tres fisiatras y me dijeron que debían soltar mis músculos para los ejercicios, y que podía llorar si quería.

Lloré y grité como una niña.

Me jalaron a más no poder, y lloré. Aún utilizaba pañales, pues después del derrame cerebral, las ganas de ir al baño son incontrolables; hay que volver entrenarse, como a un niño pequeño.

Era un proceso muy largo que debía de seguir; solamente me agarraba de la fe en Dios y seguía luchando sin parar, haciendo juegos mentales, para que esta no me traicionara.

Puse un calendario frente a mi cama, no me desubicaba en cuanto el día y la noche, y estaba pendiente de las estaciones del año; aquí en la costa este de EE.UU. se viven las cuatro estaciones.

Mi novio y mi hermano me visitaban diariamente, y una

tía de parte de mamá vino de El Salvador a ayudarnos. Sentí mucho apoyo cuando ella me hacía compañía en el hospital durante el día; de cierto modo, había bastante gente junto a mí, tanto física como espiritualmente, fueron muchas personas nobles. De manera especial quiero reconocer el gran apoyo de una de mis mamás: Dinora González. Ella trabajaba en el hospital y nos apoyó en todo sentido, ella fue una madre para mi hermano y para mí. Nos llevaba tres tiempos de comida. Su esposo me comentó que se levantaba a las 4 am para cocinar, y luego se iba a dejar a su niña a la escuela, y posteriormente a su trabajo. La comida del hospital era terrible, y yo en mi proceso de recuperación, necesitaba comida nutritiva; y la de ella, aparte de ser nutritiva, era muy sabrosa. Hoy le pido a Dios que bendiga inmensamente a Dinora y a toda familia; lo que ella hizo no se paga con nada; le estaremos eternamente agradecidos.

MÁS TERAPIAS

Seguí el plan determinado por el doctor. Continúe comiendo, ganando peso, llorando en las noches, pidiéndole a Dios, pensando cuándo podría volver a El Salvador. Extrañaba los abrazos de mi papá y de mi abuelita, las frutas y paisajes de mi amada tierra.

Pasaba pidiéndole a Dios día y noche por mi recuperación. Pasaba luchando, sin quejarme nunca dejando de sonreír. Me sentía muy privilegiada y agradecida por estar en ese hospital, por los terapeutas pacientes y compasivos que me atendieron. Me sentía importante, como una princesa; mis amigos, conocidos y clientes del salón de belleza donde trabajaba me enviaban muchos ramos de flores y ayuda económica. Me sentía como una persona muy querida e importante; recibía a diario montones de muestras de cariño y, sobre todo, su apoyo en oración.

Como mencioné antes, en este proceso nunca me vi al espejo. Las personas que me visitaban se echaban a llorar en la puerta del cuarto y hasta algunos se desmayaban. Me decía: «¿Para qué quiero verme? Eso me va a desplomar y desmoralizar».

A medida que iba rehabilitando mi cuerpo, lo hacía también mi alma, pues sentía que, de cierto modo, estaba comenzando a encontrar toda la sanación que un día busqué. Esa sed que siempre tuve comenzaba a ser saciada.

Muchos años antes, pinté un autorretrato, donde mi cara tiene una pieza de rompecabezas que hace falta. En esas circunstancias, me sentía como si pronto iba a encontrar la pieza faltante.

Algunas veces tenía sueños divinos, visiones en donde los ángeles rodeaban mi cama y me cuidaban y consolaban cuando lloraba en las noches.

Un día que me sentía muy pero muy mal, vi a un ángel de vestimenta rosa en el respaldar de mi cama, con unas grandes alas; su rostro no lo podía ver, era muy luminoso, no sabía de quién se trataba, pero sentí alivio y paz. Días más tarde, una señora de la iglesia me regaló un libro de la novena de San Rafael Arcángel. Era él, el Arcángel San Rafael fue quien estuvo al pie de mi cama.

Estando internada en el hospital, nunca dejamos de orar, de pedirle a Dios y asistir a misa en la capilla del hospital. Rezábamos también por los montones de enfermos en el hospital. Conocimos el sufrimiento de los enfermos cara a cara; esa experiencia, aunque difícil, nos estaba transformando a todos. Hubo también un sacerdote africano que nunca dejó de visitarme semanalmente; me dijo:

—Cuando más se sufre, más cerca se está de Dios. Manifiesta a Dios tus peticiones; y si es de acuerdo a Su voluntad, Él te las concederá.

Pedí mi recuperación física y emocional. Pedí casarme con mi novio y posteriormente tener hijos. Pedí por mi hermano, para que Dios le regalara una buena esposa. Prometí servir al prójimo lo que más pudiera, sobre todo a los dos David, pues ellos me habían cuidado día y noche durante toda mi enfermedad.

Al comienzo, los médicos dijeron que era muy difícil que volviera a caminar; querían que compre una silla de ruedas y me negué hacerlo; dije que solo la íbamos alquilar, porque solo la usaría unos meses; aseguré que, con la ayuda de Dios, iba a volver a caminar.

Después de ocho meses de empezar a dar mis primeros pasos sin andador, decidieron ponerme unos sostenedores en mis piernas para caminar por mi cuenta; era una especie de soportes como los que utilizaba Tom Hanks en la película *Forrest Gump*.

Con mi hermano tomábamos todo con buen sentido del humor. Mi novio trabajaba todo el día y sostenía la casa; y mi hermano era mi niñero, se iba todo el día al hospital a acompañarme, y aunque él aún estaba estudiando en la universidad, consiguió un trabajo de medio tiempo limpiando los elevadores del hospital, para ayudarnos un poco con el gasto.

Cuando caminaba en las barras de rehabilitación, me imaginaba caminando para mi boda o en el aeropuerto rumbo a El Salvador, eran juegos mentales que, con ayuda de mi hermano, hacíamos para mitigar el dolor físico y la tristeza. Mi hermano a veces me ponía la canción de *Eye of the Tiger*, de la película *Rocky*, hasta a la terapista le causaba gracia. Sin duda, el apoyo de mi hermano fue fundamental para mi recuperación.

Era interesante, como podía valorar cada movimiento de mis extremidades. Dios me estaba enseñando la perfección del cuerpo humano, cómo Él nos crea de una manera perfecta, y nosotros muchas veces nos quejamos demasiado o no utilizamos nuestras cualidades o dones para hacer el bien.

Antes de caer enferma, trabajaba cuatro días como estilista y en mis días libres vendía productos al mayoreo en los negocios de salones de belleza. En ambos trabajos desarrollé muchas habilidades de servicio al cliente y negociación. Recuerdo que me preocupaba mucho la situación económica, aunque teníamos seguro de salud, había un deducible que pagar y muchas medicinas que no cubría la póliza.

Le pedí a Dios ideas.

Un día escuché una de las enfermeras que me cuidaban decir que padecía de caída de cabello; le comenté que yo era estilista y anteriormente vendí productos para todo tipo de problemas. Casi inválida, logré vender mis productos acostada en mi cama. Ellas hacían los pedidos y mi hermano los traía de la casa. En esos momentos, cualquier entrada era válida. Dios nos mostró su fidelidad hasta el último momento.

Después que me dieron el alta, decidí que, aunque con

mis con mis dolencias, mis soportes y mi bastón, iría a vender productos de belleza a los salones donde antes vendía. A ese punto no me importaba si nos compraban por lástima o por la calidad, pues las personas que me conocían se conmovían mucho al verme en el estado que me encontraba.

Mucha gente ya me conocía y conocía el producto, así que simplemente fuimos muy bendecidos y logramos generar una entrada de dinero extra para la casa.

Con los soportes en mis piernas yo me sentía como *Robocop*, pero al menos podía caminar y hacer muchas cosas por mí misma. Era un renacer, aprender como un bebé en un cuerpo de adulto, mucho más grande y torpe. Por las noches, nadie se podía quedar en el hospital a hacerme compañía, así que me quedaba sola; oraba cada noche, y en esas noches le prometí a Dios que siempre estaría al servicio de mi familia, especialmente de mis hermanos, por los cuales siempre he orado y lo seguiré haciendo, para que ellos también sean llenos de la gracia de Dios, y puedan alcanzar la felicidad.

EL GRAN DÍA: EL REGRESO A CASA

Después de ocho meses de terapias, los médicos me dijeron que estaban muy felices porque habían visto una mejoría muy grande en mí. Decidieron que mis terapias debían terminar, que el plan para un año, yo lo había superado en menos tiempo; me enviarían a casa y solo iría a terapia dos veces por semana.

Sonaba bastante bien, me gustaba el plan de volver a ver la luz de afuera, de sentir el aire, de ver la calle.

Ese día todo el personal del hospital me despidió cariñosamente; algunos entre lágrimas, recordándome que yo era un milagro de vida. Llegué a conocer a todos los trabajadores que me atendían, desde los médicos y enfermeras hasta el personal de limpieza y miembros de la seguridad.

Tomé mis maletas, caminé con mi bastón a la puerta de salida, le di infinitas gracias a Dios, y declaré que la próxima vez que saliera por esa puerta, sería con un bebé en brazos; fue difícil de creer en ese momento, pero para una persona creyente como yo, «nada es imposible para Él», pensé.

Al salir la primera vez, aún utilizaba los soportes en mis piernas. Sin embargo, sentí volver a vivir. Me dieron el alta en la primavera, y el clima estaba floreciendo de manera paralela con mi salud.

Mi hermano, despacio, me llevaba hacer las compras al supermercado. Íbamos a las terapias, a vender productos y a todos lados; me cansaba un poco al principio, pero nada me molestaba, me sentía viva como nunca antes, disfrutaba de cada cosa, por simple que pareciera. Esto me hizo pensar que somos privilegiados; Dios nos regala vida cada mañana, salud, comida, dinero para comprarla, trabajo, un buen estómago para comer; somos tan privilegiados, pero muchas veces solamente nos enfocamos en lo negativo y nos volvemos víctimas de la queja.

Al llegar al apartamento, decidí desapegarme de muchas cosas. Anteriormente compraba zapatos en exceso, carteras de marca y cosas que no necesitaba; pero cuando estuve en la cama del hospital, no necesité nada material, no me servían las joyas ni los zapatos o las carteras, solo necesitaba salud y vida para estar feliz. Así que, decidí comenzar una nueva vida, sin ataduras, sin apegos, sin importar el qué dirán. A partir de allí solamente comencé a vivir, a vivir de una manera diferente y mejor.

Llamé a este apartado *Caída de la mujer de hierro*, porque desde muy joven practiqué deporte; fui jugadora de la selección nacional de voleibol de mi país, y siempre hice ejercicio; era una mujer de gran fuerza de voluntad y amor al deporte, por ello fue difícil para mí aceptar lo que esa enfermedad había hecho con mi cuerpo. Pero la enfermedad nunca venció mi mente ni mi espíritu; en mi mente poseía la fe y la esperanza de volver a ser fuerte físicamente; todas las noches soñaba que corría. Nunca abandoné ese sueño.

Durante las fisioterapias, me ponían a caminar en las barras paralelas; yo le decía a la terapeuta:

—Póngame una mochila, y si la puedo cargar, estaré lista para irme a El Salvador.

Deseaba con todo mi corazón poder sentir un abrazo de mi papá y mi abuelita, de mi familia que tanta falta me hacían. Ya habían pasado casi dos años sin vernos.

En la actualidad, comprendo que todo esto me pasó lejos de ellos por varias razones; una de ellas, es para no hacerles sufrir viéndome en ese estado tan difícil; y la otra para seguir moldeándome y enfocarme y concentrarme en que me tenía que agarrar de la mano de Dios, sin distraerme, pues solo así podría caminar sobre el agua, sin quitar la mirada de Jesús.

Debía ser paciente y aceptar la voluntad de Dios, ya no creerme invencible ni autosuficiente, sino caminar de Su mano de Dios, sin soberbia, sin orgullo, sin prisa, con humildad y al paso de Dios.

Con los decaimientos físicos, me iba quedando claro que a medida que uno llega a la adultez, uno sabe que algo no está bien, que hay algo que está fallando, que uno está enfermo por dentro, emocionalmente hablando; pero lo difícil es descubrir cómo sanarlo, dónde buscar ayuda. Me hacía falta la herida principal, la más profunda: la interna, que era emocional y la madre de mi enfermedad.

Yo vivo agradecida por Su provisión. Cuando entré al hospital, sentí que Dios hablo a mi corazón: «No te preocupes, deja que Yo sea tu provisión». Por ocho meses estuve en el hospital y Él siempre proveyó. Hoy entiendo que, si trabajas para lo que Dios te llamó, no debes preocuparte. Aun hoy trabajo, pero ahora entiendo que Dios sigue siendo mi fuente. Dios guarda a los pájaros y ellos no se preocupan ni se afanan (Mateo 6:26).

LOS DAVID: VENCEDORES DE GIGANTES

Anteriormente les hablé de mi esposo, David, pero Dios quiso que luchara mi batalla, acompañada de otro David, mi hermano menor.

Cuando yo caí enferma, él estaba estudiando en la universidad. Mi hermano es reservado, tímido, tranquilo, humilde, el hombre más noble, bueno e inteligente que jamás he conocido. En ese tiempo aún vivía en Nueva York, y debido a mi gravedad, se mudó con nosotros a Maryland.

Me convertí en una persona con necesidades especiales. Dios me llevó por un camino muy bien estructurado, para sensibilizarnos a todos en cuanto la discriminación que se les hace muchas veces a las personas con estas necesidades.

Dios me había dado la bendición de tener un David a cada lado, con su hondilla y su piedra, derribando cada gigante al que nos enfrentábamos. Nos organizamos como equipo de trabajo. Mi esposo trabajaba para mantener la casa, y mi hermano me llevaba a las terapias, las citas del doctor y hacía todo el oficio de la casa, incluyendo la comida. Siempre miraba el inmenso amor con el cual mi hermano me cuidada, y oraba a Dios para que un día le diera una buena esposa y con quien pudiera tener una familia. No fueron tiempos fáciles, pero la gracia de Dios nos había sostenido hasta ahora y lo seguía haciendo.

Los dos David, mi esposo y mi hermano, dormían en el suelo de mi cuarto del hospital, haciéndome compañía, un acto muy noble de amor. Que ambos lleven el nombre poderoso de David, no me parece casualidad; ellos fueron los dos ángeles que me cuidaron y me siguen cuidando; los bendigo inmensamente en el nombre de Jesús.

LA IMPORTANCIA DEL ACOMPAÑAMIENTO

Vi gente morir sola porque no tenían familiares o les recriminaban por estar enfermos; pero yo me sentía muy acompañada. Mi hermano y esposo estuvieron conmigo durante todo el proceso del derrame, ellos me llevaban a las jornadas de sanación; para un enfermo es importante sentir que no está solo.

Reflexión

....

....

....

....

....

....

....

....

....

....

....

....

....

....

....

....

....

··

··

··

··

··

··

··

··

··

··

··

··

··

··

··

CAPÍTULO 4
Jornadas de sanidad

Asamblea 1: Post operatoria

Me dieron el alta en el hospital de rehabilitación; sentía como si hubiese renacido.

Aún tenía algunos problemas de memoria debido al derrame cerebral y la operación, además de pérdida de movilidad en mis manos y sobre todo mi lado izquierdo del cuerpo; mis piernas estaban débiles y tenía dificultad para caminar, había perdido la audición de uno de mis oídos y la vista de uno de mis ojos, y tenía un sinfín de secuelas más. Pero con todo eso, allí estaba yo, siempre optimista, positiva, siempre esperando vencer los miedos y llegar a la recta final de mi competencia.

Es bastante curioso, que después de haber estado cara a cara con la muerte, es cuando más ganas de vivir tenía. Agradezco a Dios esos encuentros tan cercanos con la muerte, pues los seres humanos somos tan contradictorios, que hacemos conciencia del don de la vida, hasta que estamos a punto de perderla. Por medio de esa experiencia tan dura aprendí a reírme de mí misma, a reír de mis nuevas discapacidades, a reír de todo.

Aprendí a renunciar a mi vanidad humana, a sensibilizarme sobre algo que jamás había puesto atención: personas con capacidades especiales, pues ahora me había convertido en una de ellas. Comencé a ver cómo en muchos lugares no hay accesos fáciles para personas con discapacidad, comencé también a experimentar las mirillas de la gente y las murmuraciones sobre mi apariencia. Al comienzo me molestaban; después dejé de tomarles importancia. Dios estaba preparando el terreno para seguir obrando en mí, como su hija amada y consentida que soy.

Era bastante frustrante al principio, porque no podía ni sostener una sartén. Siempre me había encantado cocinar, cantar, practicar deporte, manejar, pintar, en fin, ser una persona completamente independiente que estaba acostumbrada a no darle explicaciones a nadie, a ser orgullosa y soberbia, pues ahora tenía bastantes dificultades hasta para las cosas básicas. A la fuerza, Dios me había mandado una lección de vida, donde aprender a depender al 100 % de Él y de los demás. Dios y la Virgen Santísima nunca nos desampararon y enviaban a sus ángeles por medio de nuestros amigos y conocidos que nos apoyaban de diferentes maneras.

Un día, mi buena amiga Dinora nos comentó sobre las vigilias o jornadas de sanación que hacían en la catedral del Sagrado Corazón en Washington DC; en seguida me llamó la atención.

Recordé que cuando era pequeña, mi abuelita me llevaba a esas asambleas de sanación, y las personas afirmaban quedar sanas de muchas enfermedades.

Estas asambleas comienzan a las 6 pm con la santa eucaristía, continúa la alabanza, el estudio de la Palabra, los testimonios de curaciones milagrosas y termina con la imposición de manos y exposición del santísimo sacramento. Cuando estaban llamando a los enfermos a la adoración, uno de los dirigentes de la oración dijo:

—Aquí hay alguien a quien el Señor Jesús quiere sanar este día.

En seguida recordé que un día en un estudio de la Palabra alguien dijo que Dios quiere sanarnos, pero a veces Él no lo hace porque nosotros dudamos y no creemos que puede sanarnos. En seguida, como pude y sin pensarlo, con mis férulas en las piernas y mi bastón, me puse de pie y me fui al frente. Doblé mis rodillas ante Dios, y los hermanos de la oración impusieron manos y sin decirles nada, empezaron a decirme que Dios estaba engranando mi cerebro nuevamente, regenerándolo, que nunca tendría problemas de memoria ni de movilidad, que Él estaba sanando mis extremidades. Sentí el fuego del Espíritu Santo que me quemaba, y comencé a sudar. En ese momento solo me sumergí en la misericordia de

Dios. Fue un momento muy profundo, donde solamente confié. Creí lo que Dios me estaba diciendo por medio de los hermanos. También comenzaba a entender una cosa: Que mi fe fue probada como el oro, pasé por el fuego, fundiendo y quemando mis malas actitudes, golpeando mis malos actos, limpiando mi alma, filtrando mis malos pensamientos, para solo sacar lo más puro de mi corazón. Entré al horno del sufrimiento con Jesús de la mano; nunca me dejó, aunque hubo momentos que me sentí morir y en mi debilidad humana, lloré y grité, Él nunca soltó mi mano y me acompañó en esa prueba tan dura.

Hasta la fecha, recuerdo todos esos acontecimientos y aún lloro de alegría y gozo al ver del fango que Jesús me rescató. No dejo de bendecir Su nombre, pues si hoy tengo brillo, es por Su misericordia y porque Él me ha elegido para ser una jornalera en su obra. No he quedado libre de defectos, la gran diferencia es que ahora, movida por la gracia, los reconozco y, con humildad, pido ayuda de Dios para corregirlos. Día a día ese es mi propósito, elegir cada defecto y trabajarlo para convertirlo en fortaleza, con la ayuda de Dios, no tengo duda que lo lograré.

VISITAS AL SANTÍSIMO SACRAMENTO

A partir de esa jornada de sanación, comencé a experimentar una serie de mejoras, tanto físicas como mentales; era una diferencia abismal.

Retomé mis estudios universitarios en mercadeo, mi memoria estaba volviendo y era capaz de retener en mi mente los contenidos, cosa que después de la cirugía del cerebro no se me daba. Avancé un poco en mis estudios, y las cosas parecían estar volviendo a la normalidad, aunque yo nunca volvería a ser la misma. Mi enfermedad había cambiado mi visión de la vida. Entendí que en un segundo se puede perder la vida, y empecé a enfocarme en las cosas que realmente importan; vivir una vida sencilla, reír siempre que se pueda, trabajar solo lo necesario, sin excesos, disfrutar tiempo con la familia, etc.

A raíz de estas jornadas de sanación, recordé que cuando era pequeña, de unos seis años de edad aproximadamente, solíamos ir a los retiros espirituales y a las asambleas de la iglesia, y me encantaba ver cómo los predicadores captaban la atención de los feligreses; mi abuelita me decía:

—Un día estarás en ese podio predicando; todo el mundo te prestará atención.

Y en realidad siempre lo pensé y soñé.

Cuando iba creciendo, la idea me daba miedo, pero hoy en día me he autodescubierto, y sé que esa es mi vocación: nací para ayudar a otros. A través de mis experiencias, nací para levantar mi voz, para motivar, para ayudar, para aliviar, para que por medio de mí, Dios ayude a sanar a muchos, tanto física como espiritualmente. Dios me ha dado el don de ayudar a través del poder de mi voz y la palabra, y lo bendigo y alabo por ello.

Mi vocación comenzó desde muy pequeña; desde siempre me gustó dibujar, y hacía muchos dibujos y tarjetas para mi papá, para que no se sintiera tan triste cuando mi mamá se fue.

LA QUEJA

Yo traté siempre de ocultar mis sentimientos, de no llorar, de ser fuerte. Hoy comprendo estaba cometiendo un error, pero hay veces que nadie nos enseña esas cosas, y tratamos de hacerlo a nuestro modo.

En la rehabilitación, en medio de las seis horas diarias de dolor, decidí no quejarme, sino entregárselo a Dios. ¿Qué pasa cuando te quejas? Solo tienes dos caminos que tomar: comienzas a culpar a otros o a ti mismo y te quedas en el hoyo. Pero yo tenía fe y decía: «Jesús me va a sanar»; y esta es mi recompensa: la vida que Él me ha regalado, la nueva vida hoy.

PRIMER EMBARAZO, 2015

David y yo llevábamos bastante tiempo juntos, y a mí me faltaba poco para graduarme de la universidad. Había dentro de nosotros un gusanito de curiosidad, y nos preguntábamos si podríamos tener un hijo. Consulté con algunos médicos y dijeron rotundamente que no, que el riesgo era muy grande por mi enfermedad y mi condición de salud. En mis tantas visitas al Santísimo Sacramento, lloré y de rodillas le pedí a mi Señor por el deseo mas grande que tenía mi corazón: ser mamá. Mis lágrimas cayeron en medio de mi oración, y le compré una vela al Santísimo Sacramento.

Me fui a casa.

Al cabo de un mes comencé a sentirme muy mal por las mañanas, tenía muchas náuseas y vómitos. Compré la prueba casera de embarazo, nunca las había usado antes, pero después de leer las indicaciones, procedí a realizarla. Me llevé una gran sorpresa: el resultado fue positivo. Lloré. Le di gracias a Dios de rodillas.

Esperé que mi esposo que regresara del trabajo y le comenté; él también lloró. Buscamos un ginecólogo e hicieron la prueba de sangre y el primer sonograma de confirmación, y allí estaba, nuestro pequeño maní, con su corazoncito latiendo a mil por hora.

Continuaron los vómitos por muchos meses. Era una situación difícil para mí; estaba en el último año de universidad y me tocaba hacer tareas con mi laptop y un contenedor al lado para vomitar. No fue fácil, pero siempre pedía fuerzas a Dios y a la Virgen para que me ayudaran.

20 SEMANAS DE EMBARAZO

A las veinte semanas de embarazo, comenzaron nuevamente los síntomas del Churg Strauss: las alergias en las piernas, el entumecimiento, lo rojo, las llagas, el dolor, sumado a los vómitos a diario; había perdido mucho peso, los días se me iban en visitas a los especialistas y exámenes interminables.

Al quinto mes, me sugirieron someterme a un proceso de quimioterapia que era probable que dañara o perdiera a mi bebé; no acepté, yo estaba dispuesta a preservar la vida de mi bebé, costara lo que costara. Los síntomas de la vasculitis empeoraron, y a eso se le sumó la eclampsia; yo rogaba día y noche a Dios porque mi bebé y yo estuviéramos bien.

ASAMBLEA 2: JORNADA DE SANACIÓN

Se hicieron presente las oraciones constantes, especialmente por parte de mi familia y amigos; y Dinora me invitó a otra jornada de sanación en Washington DC.; nuevamente tenía que tener mi esperanza puesta en Dios y no en el diagnóstico médico.

Era un día algo frio de noviembre. Comenzó la vigilia de sanación, como era de costumbre, la santa eucaristía, los testimonios, las alabanzas y la lectura; de repente llamaron a hacer una fila inmensa para imponer manos. Con todo el sacrificio del mundo, con mis náuseas y mis piernas llenas de llagas, fui a hacer la fila con paciencia.

Se me acercó un joven seminarista, junto con dos hermanos de la iglesia que lo asistían, y me dijo al oído:

—Dios quiere que ya no sufras más.

Comencé a llorar. Añadió:

—El bebé que llevas en tu vientre será un varón. —

En ese tiempo, el ginecólogo aún no me había revelado el sexo—. Esta noche Dios te va a regalar sanación interior, y el bebé que llevas en tu vientre es prueba del gran amor que Dios te tiene, ese niño será una estrella, una luz para ti. Ya no sufras más, solo ten fe; tu niño nacerá sin problemas.

En ese momento sentí el fuego del Espíritu Santo que me quemó y sentí el alivio y la sanidad de mi interior y exterior.

Me fui a casa con fuerzas nuevas.

Continuaron los vómitos; las llagas en las piernas que me provocó el Churg Strauss aún tenían que sanar, iba una vez por semana a una clínica de diabéticos para que me las curaran, era realmente doloroso. Cada vez que pensaba en la carita de mi hijo, que no había visto aún, tenía energía para seguir adelante.

EL NACIMIENTO DE DANY

Al octavo mes a medianoche, soné que estaba orinando en el baño, cuando abrí los ojos estaba mojada, como si me hubiese hecho pipí en la cama, solamente que iba acompañado de un olor característico. Desperté a mi esposo, llamamos al doctor, y sugirió irnos inmediatamente al hospital. Teníamos sentimientos encontrados, por una parte, felices que finalmente conoceríamos a nuestro campeón, pero por otra, preocupados porque ese día era 29 de febrero, y no queríamos que su cumpleaños sea en esa fecha. Solo son nimiedades, que a veces uno de padre se preocupa.

Llegamos al hospital y como los sospechamos: la fuente se rompió; comenzaron los exámenes y los procedimientos.

A las 10:18 am, vino al mundo mi amado Daniel; bello y fuerte que, al igual que el Daniel de la Biblia, luchó por su vida contra los leones. Dios nos había concedido esa bendición. Era un bebé pequeño, prematuro, solamente de 4 lb, pero estaba sanito y completo; era un bebé rosado y sonriente. Lloramos de gozo y alegría de ver el gran milagro que Dios nos había hecho, aún ahora no dejamos de dar gracias por ese gran regalo que Dios nos ha concedido.

Pasando el nacimiento de Dany, ya faltaban unos meses para mi graduación de la universidad; era increíble esta nueva aventura que Dios nos había concedido.

Mientras estudiaba con mi laptop, con una mano escribía y con la otra sostenía mi bebé para darle pecho. Era una experiencia gratificante que la mayoría de mujeres, como seres excepcionalmente fuertes que somos, hemos podido vivir.

Yo ya me sentía realizada como madre, lo de la graduación de la universidad ya era un bono al valor agregado. El tiempo va pasando rápido, especialmente cuando se tiene un recién nacido. Gracias a Dios, vivimos cada etapa sin prisa, sin forzar nada, solo disfrutando, gozando, deleitándonos con nuestro bebé, aprendiendo cada día de la aventura de ser padres primerizos; sin duda de las mejores experiencias que la vida nos ha regalado.

NO AL ABORTO

Mis dos embarazos han sido de alto riesgo. Cuando tenía veinte semanas de embarazo, me hablaron de la idea de abortar a mi hijo y aceptar el tratamiento para la enfermedad que se me había diagnosticado. Yo no acepté ni el aborto ni la quimioterapia, y viví el embarazo sin medicina, y el bebé nació sano. La voluntad de Dios es el derecho a la vida ya que, Él la da y solo Él puede quitarla.

Participé en cuarenta días de oración por la vida y sanidad para las mujeres que han abortado y que nunca volvieron a dormir por la culpa. Eso me ha marcado; es bonito saber que Dios me guardó de ese sentimiento. Cada vez que escuchaba el latido del corazón de mi bebé, podía salir adelante.

Reflexión

Reflexión

....

....

....

....

....

....

....

....

....

....

....

....

....

....

....

CAPÍTULO 5

Recaída de la madre de hierro

Noviembre, 2017

Sonaron las alarmas en mi cuerpo una vez más, el ejército de mi cuerpo estaba confundido; comenzó la segunda batalla importante de mi vida. Noviembre me estaba traicionando de nuevo.

Comencé con fuertes dolores en el lado derecho de mi estómago, tuve vómitos, diarrea, muchos de los síntomas que ya conocía del rebrote del Churg Strauss.

Dany solo tenía dieciocho meses de edad, ya había comenzado a ir a la guardería; iba dos veces por semana y en verdad le gustaba. El resto de los días se la pasaba conmigo y su primo Matteo; íbamos a nadar, a jugar al parque, a la biblioteca, hacíamos muchas cosas juntos.

Empecé a perder fuerzas, a enfermarme; el dolor de estómago era terrible, estaba perdiendo mucho peso, y otra vez tenía pesadez en las piernas. Me enojé conmigo misma, pues estaba yendo para atrás y eso no me gustaba. No me parecía justo, más que nada por todo lo que había superado, por mi familia, pero especialmente por mi hijo, un bebe muy activo que necesitaba de su mamá a tiempo completo.

Un niño acostumbrado a compartir todo su tiempo conmigo. En las visitas al hospital no encontraban nada en concreto. Algunos diagnósticos decían gripe estomacal o bacteria estomacal; los tratamientos eran en vano, comencé a estar en cama, empeorando.

Constantemente pedía a Dios por su ayuda, especialmente por mi hijo. Él me necesitaba, pero ya no podía cargarlo y él lloraba constantemente. Comenzó a ir a la guardería los cinco días de la semana, porque yo ya no podía cuidarlo; todo comenzó a hacerse un caos. Mi esposo se estresaba mucho y se preocupaba demasiado.

En ese tiempo, Dios nos mandó un ángel para que cuidara de Daniel y de mí: la señora Isvelia, una mujer muy buena y solidaria que nos cuidaba con mucho cariño de manera desinteresada. En el pasado, ella me había cuidado un tiempo durante mi recuperación en 2010, por ello la nombré madrina de bautizo de mi hijo.

Aunque me sentía consolada con la compañía de Isvelia, me sentía triste porque mi salud decaía, perdí alrededor de 50 lb de peso y no mejoraba. Mi hermano sugirió llevarme a otro hospital, y me diagnosticaron que la vesícula estaba muy mal y había que sacarla completa. Fui a cirugía de emergencia y regresé a casa.

Me sentía un poco mejor, pero no mejoré del todo, seguía mal. El rebrote de la vasculitis era latente y los dolores en mis piernas eran crueles. Mi hijo me daba fuerzas para luchar, pero mi cuerpo ya no podía más.

Le dije a mi hermano que me quería ir al Salvador. Por primera vez en mi vida, ya no quería luchar, no quería pensar en las quimios, en los tratamientos; estaba exhausta de los médicos, de los hospitales, de las medicinas, de todo. Muchos pueden pensar que era una cobarde, pero si alguna vez hubiesen experimentado mis dolores a causa de la vasculitis, dolores que solo podían ser calmados con morfina, pues no sé qué pensarían. Todos somos diferentes, y aunque la mayoría de las veces me agarraba de la fe, el dolor humano me vencía. Mi idea era regresar a mi país, rodearme de mi familia, acostarme en la noche abrazada de mi hijo, darle un beso y un abrazo, y decirle que lo amaba, que su mamá había luchado, pero que la enfermedad me había vencido.

Mi hermano me compro un vuelo en primera clase; pero Dios, en Su sabiduría, no quería eso para mí. Quería que yo me abandonase completamente en Él, y que tuviera fe.

Una semana antes de partir a El Salvador, en la noche sentí un aire terrible en mi pecho y bajo hasta la zona del vientre; sentía que no podía más; mi esposo llamó la ambulancia, me llevaron de emergencia.

Al llegar al hospital el diagnostico fue que a causa de un tratamiento de quimioterapia oral recetado por el rebrote de Churg Strauss, tuve una perforación del intestino, así que tuve que hacerme otra cirugía de emergencia.

Si le buscamos el lado positivo a todo esto, es que Dios tiene diversas formas de hablarnos, con el tiempo sabremos escuchar. En cuanto a las recaídas, es que ya sabía exactamente cómo recuperarme, porque era casi el mismo proceso todas las veces.

Durante este momento grave, me sucedió algo maravilloso, extraordinario, algo por lo que venía pidiéndole a Dios mucho. En una de mis agonías de la noche, estaba pidiéndole a Dios que me ayudara a sanar de una vez, ya no quería volver a enfermar, quería disfrutar de mi hijo, de mi esposo, de mi casa, de mi vida; tenía muchas ganas de vivir y muchas cosas por hacer, pero aún no había descubierto cómo vencer esta enfermedad y terminar de sanar mi interior.

En una de las tantas noches de dolor, me quedé dormida rezando a Dios. Por la mañana temprano recibí una llamada inesperada: Sonia Reyes (Master Life Coach), ella fue una de las personas que nos dieron las charlas prematrimoniales en la iglesia.

Recuerdo muy bien la primera vez que la conocí. Se trata de una mujer de complexión física mediana, muy simpática, con un tono de voz pasivo y angelical; de una vez me inspiró ternura y confianza, sus palabras traspasaban mi corazón, era sin duda la respuesta que mi vida estaba esperando y Dios me la había enviado por medio de ella. La primera vez que la vi, supe que ella era un ser de conexión divina. Desde la primera vez que la escuche hablar, supe que ella sería el enlace que me llevaría a mi sanidad espiritual. Ella era la enviada por Dios, exclusivamente para mí.

En la llamada telefónica me pregunto cómo estaba. Me dijo que en la madrugada había estado orando por mí, que Dios le había puesto mi nombre en su corazón. Me pareció sumamente curioso. Aquella noche había sido una de las peores de mi vida, en relación con el dolor, y no me parecía coincidencia que esa señora que causa gran impacto en mí, desde la primera vez que la escuche, se estuviera comunicando conmigo.

Sonia empezó a visitarme, a regalarme palabras de aliento. Ella es de esas personas completamente iluminadas por el amor de Dios, es una especie de madre Teresa moderna, en verdad que en su descripción me quedo corta, pues es un ser humano de sublime calidad, en todos los sentidos. Desde ese día nos hicimos grandes amigas y hermanas, es ella una de las personas más nobles y puras que conozco, no hay día que no aprenda de ella. Verdaderamente es un privilegio ser su amiga. Fue una de las piezas más importantes para descifrar el rompecabezas de mi vida, la piedra angular, la última

SANANDO HERIDAS *En* NOVIEMBRE

pieza que me hacía falta para lograr mi sanación, para ser plena y feliz. Ella es Master Life coach y educadora, me ofreció el curso de Life Coach, el cual tomé sin dudarlo. Hoy puedo afirmar que su enseñanza y guía fue el primer paso para comenzar mi sanidad interior.

A mis 36 años fue mi nuevo renacer.

En su programa, ella enseña cómo conocernos, auto sanarnos y buscar nuestra misión de vida; lo cual le agradezco infinitamente. Pido a Dios que la bendiga en su obra y siga ayudando a la gente, como siempre lo ha hecho.

La esposa de mi hermano, que trabajaba en la Ciudad de Baltimore, sugirió que me llevasen allí, que en ese hospital había un centro de investigaciones de las enfermedades más raras del mundo. Finalmente, sin ya nada que perder, solo jugándome mi última carta, fuimos y me atendieron.

Los médicos estaban muy felices por lo especial de mi caso. Me ofrecieron un tratamiento en base experimental, se trataba de una vacuna mensual. No había garantías, pero no tenía opciones, era eso o morir, aunque también podía morir a causa de la vacuna; por bendición de ser creyentes en Dios, en esos momentos sacamos el recurso de la fe, y con esa confianza nos pusimos en manos de Dios y de la ciencia.

Desde la primera vacuna, los resultados fueron notorios; para gloria de Dios no tuve ninguna reacción. Así continué mi recuperación, con las fisioterapias, la buena alimentación, el agradecimiento a Dios y la oración.

Hoy en día me retiraron el uso de ese tratamiento, y para honra de Dios, en la actualidad, no utilizo ninguna medicina, solamente suplementos vitamínicos recetados por el médico. Soy una mujer completamente sana por la fe y el gran amor de Dios.

Con mi mentora, Sonia Reyes, aprendí la importancia del autoconocimiento. Es primordial saber que se puede mejorar. En mi caso, descubrí cuáles son mis limitaciones y me puse a trabajar en ellas; descubrí que no puedo confiar solo en mí, sino en Dios y en su fuerza (Joel 3:10).

BODA RELIGIOSA

Noviembre, 2018

En vista de que Dios había manifestado una vez más Su poder en nosotros, nuevamente me regaló una oportunidad de vida. Decidimos finalmente casarnos por la iglesia. Nuestro matrimonio había solamente por civil.

Fuimos a las charlas de instrucción en la iglesia. El amor genuino y puro de Dios nos estaba hablando. Dios quería que estuviéramos unidos por Su ley, no por ley del hombre.

Estaba aún muy delgada, me pareció que sería la única novia que tendría que engordar para entrar en su vestido de boda. Se hicieron todos los preparativos para llevar a cabo la ceremonia en mi amado país, en el pulgarcito de América: El Salvador.

Fue un día muy especial, el 24 de noviembre de 2018; hasta el clima estaba espectacular, había un sol radiante, cielo azul y despejado y una suave brisa. Abordé la limosina de color blanco, muy contenta, serena, esperando llegar a la iglesia. Estaba ansiosa de llegar a la iglesia, que tenía una arquitectura italiana, la cual visitaba desde que era una niña.

Quería darle gracias a Dios, quería terminar de sellar nuestro amor. Un amor que por tanto había pasado, que tanto había sufrido.

Ese día teníamos mucho que festejar, pues en vez de celebrar mi funeral un año ates, estábamos alegres, celebrando nuestra boda religiosa.

Doy testimonio de que antes de mi boda, me habían diagnosticado desviación de la cervical, y querían hacerme una cirugía complicada.

Dos días antes de la boda uno debe confesarse, y ese día con mis amigas asistimos a la hora santa. Días atrás, el dolor en la cervical no me permitía ni estar sentada mucho tiempo, tenía un dolor muy agudo. Ese día el sacerdote hizo una oración de sanidad; en medio de la oración, sentí una daga que atravesaba mi cuello, pasando por mi nuca, era un dolor indescriptible, de algún modo sabía que Jesús me estaba realizando la cirugía; lloré de gozo y regresé a mi casa a descansar para el gran día.

Por la mañana, abrí por ojos y di gracias a Dios por lo que iba a suceder.

Me bañé, comí, hice mis ejercicios de respiración, comencé a maquillarme con la mayor tranquilidad del mundo, cantando y alabando a Dios por el regalo que nos estaba haciendo ese día.

Comencé a vestirme con la ayuda de mi mamá. El vestido era hermoso, un blanco marfil con cola; la tiara era una corona de brillantes, una corona de princesa.

Me vi al espejo y lloré.

Recordé que cuando tenía siete años e iba hacer mi primera comunión, era una niña rota, abandonada por su mamá y abusada sexualmente, que aún así sentía alegría, porque por primera vez iba a comer el cuerpo de Cristo en forma de hostia.

Esa vez no lloré de tristeza, sino de gozo, dándole infinitas gracias a Dios por el gran valor que Él siempre me había dado. No sabía que Dios, con Su poder, puede restaurar hasta los pedazos rotos de nuestro corazón, los puede volver a pegar y embalsamar con su perfecto amor.

Ese día no solamente me vestí con el traje de novia,

sino que me revestí de la gracia, de la paz y la alegría que solo Dios nos puede dar.

Recordé mi vestido de primera comunión, que un día también me causó tanta alegría, también recordé que estábamos en noviembre, pero que era un nuevo noviembre. Un noviembre de nuevos recuerdos, recuerdos hermosos, recuerdos sanadores.

Estaba a punto de dar el último paso para reconciliarme completamente con Dios. Él, una vez más me llamaba a Su casa, para ser parte del milagro del amor.

No dejo de glorificar a Dios, porque a partir de ese día, es evidente que los frutos de nuestro matrimonio son cada vez más prósperos, y ahora serian más grandes y dulces.

Después de esta boda tan especial, tan bonita, regresamos a nuestra casa en EE.UU.; y me llamaron para realizarme la cirugía de la cervical, pero yo ya no me sentía mal. Consulté con otro ortopeda; me enviaron hacer las radiografías una vez más; pedí otras tres opiniones médicas y ellos coincidieron que, de manera milagrosa, no tenía nada, que no había razón para llevar a cabo la cirugía. Dios había obrado de nuevo.

LA BENDICIÓN DEL MATRIMONIO

Después de la boda religiosa vimos la bendición en nuestra vida y nuestros hijos inmediatamente. Es un bien especial ir a Dios a pedir su bendición. Yo diría que, si bien las leyes humanas son válidas, son una cuestión jurídica; pero la ley divina es poderosa, y cuando nos resguardamos en ellas, el compromiso es más fuerte, y la paz y armonía que llega es también es diferente. Cuando ponemos a Dios por delante, el compromiso se vuelve más sólido (Génesis 2:24).

Reflexión

....

....

....

....

....

....

....

....

....

....

....

....

....

....

....

....

....

....

....

....

....

....

....

....

....

....

....

....

....

....

....

....

....

CAPÍTULO 6

RESURGIMIENTO DEL ÁGUILA: NOVIEMBRE DE MI SANACIÓN

Noviembre, 2019

Un día tuve un sueño. Se lo conté entre lágrimas a mi mejor amigo: Jesús. Él me contestó:

—Si es mi voluntad y es lo mejor para ti, te lo concederé.

Nueve meses después, puso su bendición entre mis brazos: mi segundo hijo, Christian.

Después de consultar a varios especialistas, me habían dejado sin ninguna esperanza de volver a concebir; es más, uno de ellos que era algo pasado de peso, se burló de mí, diciendo:

—Es más fácil que yo pierda peso, a que usted tenga un hijo —dijo sarcásticamente y se puso a reír.

Después de mi consulta y de que me entregaran un reporte completo de tres páginas, donde explicaban todas las razones por las cuales no debería ni podría tener un hijo, en mi calidad humana, entristecí y lloré.

Mientras manejaba de regreso a casa, paré un momento y exclamé:

—Eso es lo que dicen ellos, los médicos, según la ciencia; pero yo tengo un recurso superior: mi fe en Dios.

Me fui a visitar a Jesús Sacramentado, lloré tristemente y le conté a mi Señor cómo me habían quebrado mi corazón, y además le dije:

—Dios mío, tú eres el dueño del universo, y conoces mi corazón.

APRENDIZAJE COMO MADRE

Soy una mujer como cualquier otra, llena de defectos, de miedos, de imperfecciones, de virtudes, aunque considero que la bendición y el privilegio más grande que he tenido en la vida es ser madre. Soy madre de un niño precioso de cuatro años, un niño que me ha sonreído desde el día que nació, que me ama y admira, y dice que soy su mejor amiga. Soy una mujer que a diario le pide a Dios por sabiduría para saber educar a mi hijo de la mejor manera. Soy una mujer y madre, como cualquier otra, con días cansados y de mal humor, con miedos y ansiedad algunas veces; pero mi fórmula secreta es orar siempre a Dios con humildad y fe, por ninguna circunstancia hacerle mal a nadie, visitar al Santísimo Sacramento del Altar, confesarme y asistir a la eucaristía; allí me desahogo, allí Dios embalsama mi corazón y le cuento todas mis inquietudes. Dios es mi salvador, me ha ido mostrando los caminos y ha puesto las personas adecuadas para enseñarme cómo vivir una vida con propósito.

Quisiera compartir un pequeño poema que me han inspirado mis niños.

POEMA DE UNA MAMÁ A SU HIJO

Gracias a ti, he aprendido que ya no soy yo primera: ¡sino tú!
He aprendido a que me duela tu llanto
He aprendido a postergar mi dolor
He aprendido a comer tus sobras
He aprendido a cambiar pañales
He aprendido a curar heridas pequeñas
He aprendido a no preocuparme tanto y jugar más
He aprendido que lo más importante no es el juguete, sino jugar juntos con la envoltura
He aprendido a desenfadarme y disfrutar el momento
He aprendido que nadie puede ser más feliz que

comiendo un *Happy meal*
He aprendido que la ropa no es lo más importante;
si se ensucia, solo se lava
He aprendido a hacer las cosas con una sola mano
He aprendido a darte de mamar y estudiar a la vez
He aprendido a tomar café helado, aunque siempre
me gustaba caliente
He aprendido a no comer pescado por no tener
tiempo de sacarle las espinas
He aprendido a llenarme de tierra
He aprendido a jugar otra vez en el parque
He aprendido a esperar la Navidad con alegría
He aprendido a comerme un *cupcake* con la mejor
de las sonrisas
He aprendido que un dulce puede cambiar el
humor
He aprendido a tirarme a jugar en el suelo
He aprendido que un abrazo y un beso puede
cambiar la vida de alguien
Gracias a ti, amor mío, he aprendido a vivir
A sentir el amor de Dios por medio de tu mirada,
tu sonrisa, de tu abrazo
Gracias a ti, le pido a Dios ser mejor persona a
diario, para que mi ejemplo te edifique como ser
humano
Te agradezco por tus lecciones de vida, bendigo tu
vida y te amo,

Tu mamá

EMBARAZO DURANTE COVID-19

Hablando de las muchas cosas difíciles que me ha tocado vivir en la vida: me tocó vivir mi segundo embarazo durante la pandemia de COVID-19. Debido a mi enfermedad se trató de un embarazo de alto riesgo.

Quedé embarazada en el mes de marzo del 2018, justo cuando la pandemia comenzaba a extenderse en occidente. Al principio, como cualquier ser humano y madre, tuve mucho miedo, luego medite y pensé: «Si Dios lo ha permitido, no debo de temer, pues Él nos protegerá; servirá para manifestar Su poder».

Doy fe que así fue.

Comencé con muchas náuseas y vómitos, al igual que mi primer embarazo. Debido a mi antecedente y a la vasculitis, debíamos buscar ginecólogos especialistas en embarazos de alto riesgo. Tendría que lidiar una difícil batalla.

Cansada de médicos, malestares y la pandemia, una vez más me agarré de mi fe, y pedí a Dios y a su Santa Madre que me protegieran y me dieran fuerza; a pesar de tantos vaivenes, Dios me fue concediendo que mi embarazo continuara con normalidad.

Vomité, sufrí de náuseas y malestares, me deshidraté muchas veces y realmente era difícil ir al hospital a que me suministraran sueros, pero lo hacíamos con la confianza que Dios nos protegía.

Por otro lado, teníamos un niño de cuatro años cuya vida cambió drásticamente: dejó de ir a la guardería, de socializar, de ir a sus clases de natación y al parque. El confinamiento fue un tiempo difícil; solo podíamos confiar en la protección y providencia de Dios.

Para honor y gloria de Dios, en este embarazo no tuve ningún brote de mi enfermedad ni preeclampsia ni ninguna de las afecciones que sufrí con el primero, aunque si bien es cierto el malestar de mi estómago y los vómitos eran perennes, el pensar en la vida que estaba en mí, me motivaba a seguir.

NACIMIENTO DE CHRIS

En una noche no tan fría, comencé a sentirme mal; fui a la cama y comencé a tener contracciones que no eran rítmicas ni seguidas. Dentro de mí sabía que el momento se acercaba, pero el sueño pudo más. En la madrugada, las contracciones se tornaron cada vez más seguidas y partimos al hospital.

Chris llegó a nuestras vidas el 25 de noviembre de 2020, un día antes de la celebración del Día de Acción de Gracias, y un día antes de nuestro aniversario de boda religiosa. Es el mejor regalo que jamás he recibido.

Un bebé de casi 7 libras, completamente sanito, bello, fuerte; su llanto fue música para mis oídos; ponernos piel con piel terminó con todos los días difíciles del embarazo.

Con su nacimiento, afirmo que he cerrado por completo el ciclo de sanación y de perdón para con mi madre. Dios me ha dado el regalo más bello, que es un hijo, justamente para borrar los peores momentos que un día viví en noviembre. Con cada dolorosa contracción que tuve pensé en el perdón a mi mamá y el perdón que me concedí a mí misma, y afirmé que noviembre nunca más será sinónimo de tristeza ni de malos recuerdos, noviembre se convierte en el mejor mes del año: Noviembre de mi sanación.

Dios me ha concedido la gracia de que en este mes en donde me hicieron tantas heridas y tanto daño, también me permitió restaurarme y convertirse en el mes que los mejores eventos de mi vida han sucedido. De hoy en adelante cierro un capítulo y comienzo otro; soy la protagonista, no la víctima. Con la gracia y el poder que Dios me ha concedido, declaro mi vida y la de mi familia en victoria, y no dejaré de dar testimonio y glorificar el nombre de Dios. ¡Amén!

LECCIÓN DE VIDA EN TIEMPOS DE PANDEMIA

El perdón y respeto hacia nuestros padres es muy importante. Debemos de tener compasión, porque nosotros somos una parte de ellos. Si pudiéramos entender el pasado que vivieron no seríamos tan duros para juzgarlos; si solo les preguntáramos, nos daríamos cuenta de que ellos eran limitados en conocimientos y recursos. Debemos recordar que el primer mandamiento con promesa es «Honrarás a tu padre y tu madre, para que tus días se alarguen en la tierra» (Éxodo 20:12).

Estamos viviendo tiempos difíciles, donde nos enfrentamos a un virus completamente invisible, como sacado de las películas de Hollywood; pero tenemos fe en que Dios iluminará a los científicos para que se encuentre una cura pronto.

A nosotros nos ha tocado vivir muy de cerca este duro virus. Mi suegro lo contrajo y está muy delicado de salud; el daño pulmonar es muy severo, se requirió suminístrale plasma sanguíneo para reponer su salud. Aún no se sabe lo que pasará. Solo recuerdo su tristeza la última vez que habló con mi esposo, sonaba a despedida; por ello es importante recalcar que debemos aprender a vivir el día a día, minuto a minuto, disfrutar de nuestros familiares y amigos cuando podamos, pues el futuro es incierto. Siempre es momento de olvidar y perdonar cualquier falta, no sabemos si hoy será el último día que los podremos abrazar y besar. La vida es así, nadie la puede comprender, pero sí podemos hacer pequeñas cosas para que todo sea más fácil: Vivamos el día a día con entusiasmo, en actitud de agradecimiento a Dios, veamos en los demás el rostro de Jesús, maravillémonos de las grandes creaciones de Dios, seamos creadores de paz y no de destrucción, vivamos nuestra vida de la manera más sencilla y correcta posible, sin hacerle daño a nadie, ayudando a quien lo necesita. El dinero no lo es todo en la vida, hay diferentes formas de dar: el tiempo, una sonrisa, saber escuchar al otro, un buen consejo, la visita a un enfermo o encarcelado; en nuestras manos Dios pone diversos dones, y en la medida que le pidamos en dónde y cuándo los podemos usar, Él nos mostrara el camino; ya se dijo alguna vez: «El que no vive para servir no sirve para vivir».

Hoy me siento muy bendecida, muy contenta, como si hubiese encontrado un gran tesoro. Dios me ha mostrado tantos caminos para ser feliz. No soy perfecta, simplemente soy una pecadora que Dios ha acogido en su misericordia; llena de defectos —en los cuales trabajo a diario— y también una mujer llena de virtudes, que sigue perseverando en el camino. De la misma manera que lo puedes hacer tú; no hay límites, los límites están nuestra mente, siempre y cuando nos autoconozcamos y sepamos dónde comenzar.

Desde 2010, cuando enfermé por primera vez

de vasculitis, fue un volver a nacer y aprendí muchas lecciones. A pesar de las secuelas físicas aún puedo afirmar que a lo largo de mi vida, cada vez que le voy perdiendo la alegría a vivir, Dios se encargara de mandarme lecciones; en este caso tenemos para toda la humanidad el nuevo coronavirus, no lo envió Dios, pero sí es una oportunidad; en esta pandemia hemos podido observar lo peor y lo mejor de los seres humanos, hemos sido testigos de actos viles y de actos muy grandes de bondad. Como siempre lo he dicho, la vida es una escuela, las lecciones que no aprendemos, la vida de encarga de repetirlas una y otra vez, hasta que las aprendemos.

Después de mis gravedades y enfermedades, puedo afirmar que al igual que la suegra de Pedro que fue sanada por Jesús, Él sana para servir. Ese es mi llamado personal. Dios me levantó de esa cama para servir, para ayudar al prójimo en lo que necesite; recordemos que prójimo es próximo, y los próximos que tenemos son nuestra familia, con los que vivimos bajo el mismo techo, todos y cada uno podemos ejercer nuestro ministerio siendo buenos hijos, padres y madres de familia, hermanos, vecinos, compañeros de trabajo.

Debemos escuchar el llamado que Dios nos hace a cada uno, cumpliendo nuestras misiones desde lo pequeño, desde lo simple; podemos ser súper héroes siendo oportunos, regalando una sonrisa, una caricia, ayuda en el momento de enfermedad o de crisis; podemos ejercer nuestro ministerio desde una cama postrados, sin quejarnos, y orando por los demás. Dios es muy grande y bueno, y si aún no hemos encontrado nuestro propósito en la vida, podemos orar y Él se encargará de mostrarlo y permitirnos ser felices por medio del servicio a los demás. ¡Recordemos que, si tenemos a Dios, no nos falta nada!

....

....

....

....

....

....

....

....

....

....

....

....

....

....

....

....

....

....

Reflexión

....

....

....

....

....

....

....

....

....

....

....

....

....

....

....

....

CAPÍTULO 7
QUIÉN SOY ACTUALMENTE

Hoy en día, el valor más grande en mi vida es el amor, y consecuentemente ese amor me lleva a la fe en Dios.

Dios me ha permitido descubrir mi misión de vida, por medio de los estudios de Life Coach y PNL, abriendo mi mente y cambiando mi percepción. Es una nueva vida con propósito, la cual ha sido lavada y bendecida por el agua y la sangre que brotaron del costado de nuestro Señor Jesucristo.

A mis 36 años de edad fue mi despertar a la vida por medio de mi life coach, Sonia Reyes. Como ya la mencioné antes, ella es un ángel que Dios me ha mandado para guiarme en mi camino, le agradezco públicamente todo lo que ha hecho y hace por mí; bendigo su vida y su obra, en el nombre de Jesús.

En la actualidad, soy una hija de Dios, una esposa, una madre plena, profesional, una mujer llena de defectos y debilidades, muy feliz, colmada de una lluvia de bendiciones, las cuales quiero que ustedes también puedan experimentar.

Mi sufrimiento y mi experiencia no han sido en vano, son un testimonio edificador que quiero que sirvan como motivo de cambio para muchos, para los que siguen luchando, para los que todavía creen, para los que aún tienen fe, para los que creen que a pesar de las adversidades se puede salir adelante.

He logrado curar y cicatrizar mis heridas emocionales, con mucho esfuerzo y trabajo. Al hacerlo, también he sanado las físicas, y la verdad me ha hecho libre y muy feliz. Cada vez que mi mente quiere retroceder a los hechos que de niña me marcaron y dar paso a la tristeza, me remito a uno de mis versículos favoritos de la Biblia:

«Entonces levantarás tu rostro limpio de mancha, serás fuerte, y nada temerás, y olvidaras tu miseria, o te acordarás de ella, como de aguas que pasaron. La vida será más clara que el mediodía, aunque oscureciere, será como la mañana. Tendrás confianza, porque hay esperanza, mirarás alrededor y dormirás seguro.»
Job 11:15-18

No puedo dejar de recalcar la importancia del perdón, primero a nosotros mismos y después hacia a los otros. Dios me ha permitido hasta perdonar a mi abusador sexual; no ha sido un camino fácil, pero mi amado Dios, vino a hacerme libre y no tener ni un tipo de cadenas.

Noviembre, 2020

Después del nacimiento de mi segundo hijo disfruto de cada momento, sigo sanando cada herida con el bálsamo del amor, me inyecto de felicidad cuando veo a mi bebé mamar de mi pecho, cuando veo sus ojos nuevos e inocentes, los cuales me ven con tanto amor y admiración.

El amor que mis hijos y mi esposo me manifiestan es genuino, fortalecedor, es el amor más grande y puro que jamás he experimentado, solamente me queda seguir alabando y dando gracias a Dios.

Hoy por hoy los médicos hablan de remisión, mi enfermedad está dormida, y para mí es porque Dios me ha sanado, para su gloria y honra, exclamo con alegría y euforia: «Señor, no soy digna de que entres en mi casa, pero una palabra tuya, ¡bastará para sanarme!» ¡Él ha hecho el milagro! Solo me queda abrir los ojos cada mañana, doblar mis rodillas, juntar mis manos y dar gracias infinitas a Dios por tanta bendición, por permitirme vivir todo lo que estoy viviendo y por todas estas abundantes bendiciones. Por las noches puedo cerrar mis ojos e imaginarme las flores silvestres que cortaba con mi papá, y que siempre me hicieron tan feliz. Abrazo a mis hijos, los bendigo, los beso, y agradezco a Dios por cada instante que me permite llenarlos de abrazos y amor. Espero que Dios me preste vida y salud para poder servirles a mis hijos hasta donde pueda, porque sus mejillas son los perfumados pétalos de mi jardín que me renuevan y me surten de una dulce miel.

Aunque he sufrido, me siento muy contenta de ser un instrumento de Dios, de ser ese medio por el cual Dios habla. Es un honor para mí, dar mi testimonio y decir que Él me ha retribuido todo mi sufrimiento con bendiciones sobreabundantes. Alabado sea Jesucristo, ¡para Él todo el honor y la gloria! Amén.

Programación cerebral del mes de noviembre

Antes de escribir este libro y terminar de sanar completamente mis heridas, hice consciencia que la mayoría de mis grandes heridas emocionales habían ocurrido en el mes de noviembre, por ello en mi cerebro lo había programado como un mes fatídico. Cuando llegaba ese mes, enfermaba casi de manera instantánea; había una conexión psicosomática con todo lo que había ocurrido en el pasado, por ello oraba a Dios por mi sanidad completa, y Él, en Su misericordia, me dio dos grandes regalos en el mes de noviembre: el nacimiento de mi Segundo hijo y mi boda religiosa.

Ahora, cuando veo el otoño llegar, ya no siento tristeza ni nostalgia, sino que me quedo sentada al frente de mi casa, disfrutando una taza de té caliente y viendo las hojas de los árboles. Es una gratitud perpetua a Dios, porque a pesar del camino recorrido, noviembre nunca más será igual, de hoy en adelante, será el mejor mes del año, será noviembre de mi sanidad.

Reflexión

....

....

....

....

....

....

....

....

....

....

....

....

....

....

....

....

SANANDO HERIDAS *En* NOVIEMBRE

EPÍLOGO

Hasta aquí me ha traído mi fe, contra todos los
pronósticos médicos y con una enfermedad autoinmune
de origen desconocido, he logrado superar cientos de
adversidades, agarrada de la mano de Dios; he caminado
sobre las aguas sin temer; algunas veces lloré y me
quebré, pero nunca perdí la fe ni la esperanza, nunca
reclamé, nunca dudé, sino que le preguntaba a Dios qué
quería de mí, cuál era el propósito de todas esas pruebas.
He rogado, he suplicado, me he humillado ante Dios,
mi Rey, mi Salvador, Él me ha sacado del fango y me
ha hecho volar en cielos altos, como las águilas. Mis
alas cada día son más fuertes. Vuelan y se extienden de
manera más amplia.

El camino que mi Señor me ha enseñado es un
camino de luz, de múltiples colores, de aire fresco y
puro, donde no existe tristeza, ni la culpa, ni oscuridad,
solo existe la luz y la esperanza. Ese Dios es el que quiero
que conozcas.

111

Solamente me considero un instrumento que Dios usa para hablarte y decirte: «Te amo, eres mi hijo, estás hecho a mi imagen y semejanza, eres valioso, y si me tienes, en tu corazón, ¿quién contra ti? Podrás cruzar tu mar rojo, podrás desafiar los leones más grandes, nunca te sentirás solo»; porque cuando el Espíritu Santo te toca y te llena de Su gracia, tu vida se transforma y solo puedes emitir y transmitir amor, paz, luz, gracia y fe.

¡Ánimo! Si eres una persona enferma física o emocionalmente, Dios te ama, Dios es el dueño del universo, pídele con fe, pídele perdón, arrepiéntete, acéptalo en tu corazón y Él te concederá todo lo que deseas, según Su voluntad.

No olvidemos que Dios nos habla a cada momento a cada instante; te está hablando en este momento, solo ábrele la puerta de tu corazón e invítalo a pasar.

Oremos juntos, si me lo permites, así como yo lo hago:

Dios Padre Santo, Rey de misericordia, te pido perdón por haberte ofendido. Ten misericordia de mí. Perdóname, Señor. Sáname, Señor. Transfórmame, Señor.

Dilo con fe y desde lo más profundo de tu corazón, y verás como Él comenzará a obrar en tu vida.
Espero con mi testimonio, haber llegado a tu corazón,

Apéndice

Sanar

Aunque a veces la razón
No comprende Su obrar
Solo permite a Dios entrar
Para sanar tu corazón.

Triste es tu aclamación
Cuando no hay ganas de caminar
Porque la debilidad te hace llorar
Y sientes tribulación

Pero pronto se terminará la espera
Renacerá tu honor
Y ya no habrá nada más que te hiera

Intenta ser mejor
Ya no esperes más

¡Debes brillar y ser feliz con todo el esplendor!

ACERCA DE LA AUTORA

Lidia Susana Pocasangre nació en la ciudad de San Salvador, El Salvador.

Obtuvo una licenciatura en mercadeo en la *Universidad Tecnológica de El Salvador*. Es sobreviviente de la guerra civil de los años 80 al 92, que trajo como resultado desintegración familiar, tristeza, incertidumbre y pobreza. Después de terminar sus estudios, ella emigró a los Estados Unidos hace más de quince años y ahora vive en Silver Spring, Maryland, con su familia, donde se dedica a servir a Dios y a la comunidad.

Obtuvo una certificación como *master life coach*. Actualmente ejerce como notario y y coach holístico en su ciudad de residencia.

Ella es estudiante de la *Academia Guipil: Escribe y Publica tu Pasión* y miembro destacado de la *Comunidad Mujer Valiosa*.

Para más información y contacto escribe a:

Lidia Susana Pocasangre
E-mail: susan@sanandoheridasennoviembre.com
Página web: www.sanandoheridasdelalma.family

NOTAS

....

....

....

....

....

....

....

....

....

....

....

....

....

....

....

....

....

NOTAS

....

....

....

....

....

....

....

....

....

....

....

....

....

....

....

....

....

....

Made in the USA
Middletown, DE
08 August 2023